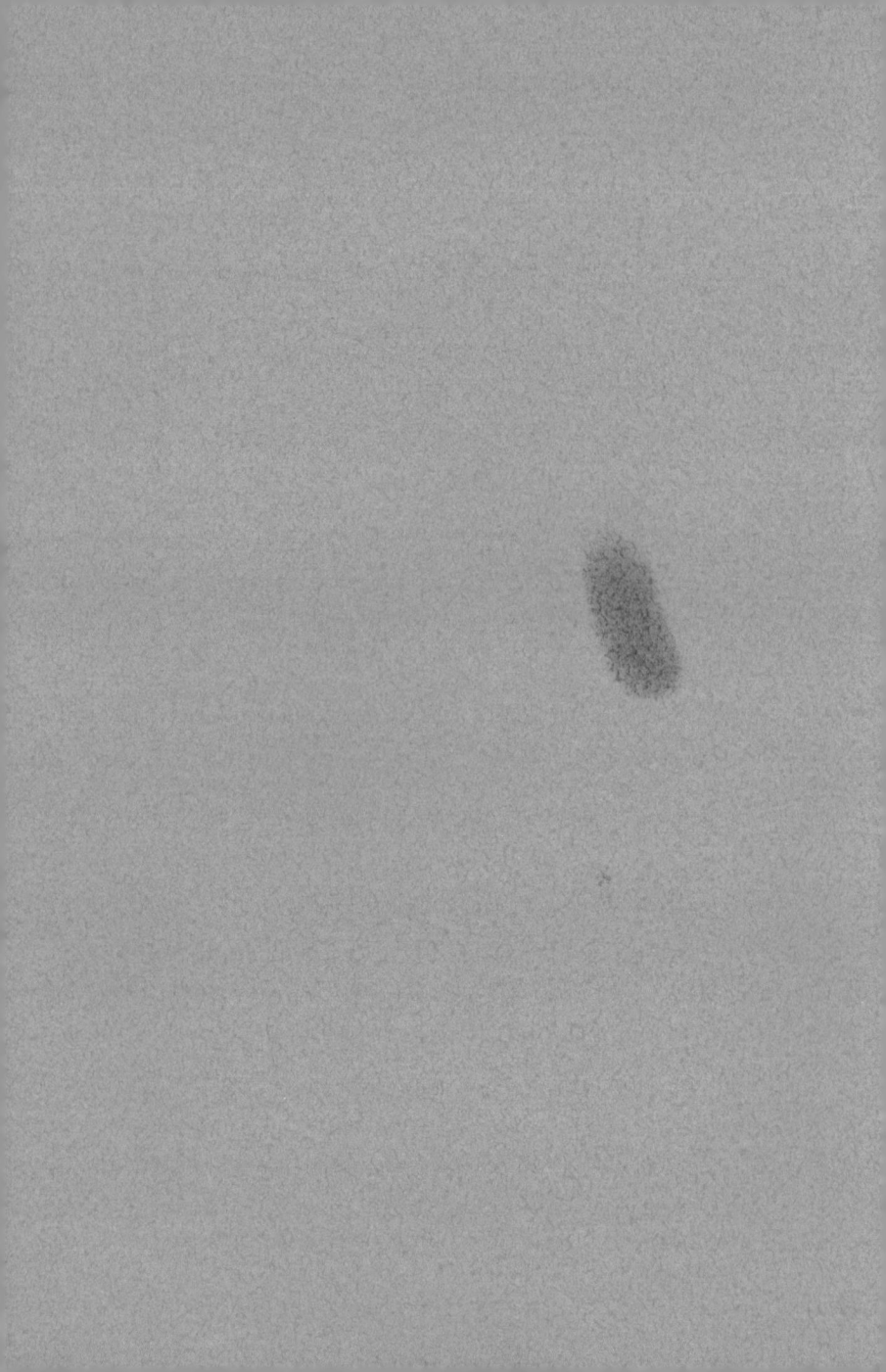

月の輪書林それから

高橋 徹

晶文社

デザイン　南伸坊
本文写真　坂本真典

月の輪書林それから　目次

I　二〇〇二年李奉昌と出会う

II　二〇〇五年三田平凡寺を歩く

I　二〇〇二年李奉昌と出会う

『川村満鉄社長燕京訪問記』という一冊

二〇〇二年一月×日　金曜日

きさらぎ文庫さんから『川村満鉄社長燕京訪問記』（高畠護輔／大正十三年／満洲日日新聞社印刷所）が届く。

川村とは、第八代満鉄（南満洲鉄道）社長、号は亞洲《あしゅう》、名は竹治《たけじ》。この川村竹治《かわむらたけじ》の生資料を昨秋、明治古典会で手に入れ、彼で小さな目録を作ろうと思っているのだが、日々の雑事に追われ放置したままだ。でも、頭の中には小さな目録はずっとあって、タイトルも、「特集　第八代満鉄総裁川村竹治」でいこうか、「川村竹治と李奉昌《りほうしょう》」がいいか、それとも思い切って「１９３２」かとゆれている。もう少し、市場での資料や本との出会いでふくらますことが出来ないか、と。『川村満鉄社長燕京訪問記』を手にとり、口絵の写真に見入る。川村竹治がそこにいる。

中断していた調べものを再開しよう。机の前の貼り紙「一日一ページ調べること」が、日焼けとヤニでもう黄ばんでいる。『近代日本社会運動史人物大事典』（平成九年／日外アソシエーツ）が、ぼくを呼んでいるようだ。

一月×日　土曜日

店の棚からひっこぬいてきた『政党政治の雄』（昭和五十八年／TBSブリタニカ）のうち、「原敬」を読む。書いたのは三好京三。様々な雄を、色々な人が書いている本だった。初市が開かれる五反田までの車中。川村竹治を内務省警保局長に登用したのが、原敬だからだ。うーん、今回の目録、ぼくがもっとも苦手とする「政治」へ足を踏み入れるということでもある。走り読みしながら、睡魔がおそう。

池上線五反田駅着。南部古書会館、本年最初の入札市。

北上さん（北上書房）にあいさつ。そういえば、北上さんは、原敬と同郷だった。川村竹治が終生なおらなかったという南部盛岡の方言を聞いてみたくなる。北上さんとは、うまが合うというのだろうか、即売会の終わった後、必ず杯をくみかわす仲。以前、川村竹治の出身地、南部藩についての資料の有無を聞いたことがある。手に入りやすい、よい資料はないとの返事だった。

東城さん（東城書店）にあいさつ。田中くん（小川書店）が、初市用の御神酒をもってきてくれる。グイッと一杯。また一杯。天誠さん（天誠書林）にあいさつ。由縁《ゆかり》堂さんにあいさつ。古書日月堂さんにあいさつ。ホロ酔いでトイレに行こうとしたところで、遅れて入札にやってきたえびなさん（えびな書店）に出くわす。これまた、新年のあいさつ。

こんなホロ酔い気分の入札も一年に一回のこと。目は流れるだけで、本が目に入ってこない。酔いもさめかけた頃、後ろから肩をたたかれる。ふり返れば、札幌にいるはずのサッポロ堂、石原さんの笑顔。お茶に誘い出し、なないろさん（なないろ文庫ふしぎ堂）と三人で、喫茶店でビール。フレーザーの『金枝篇』の全訳を残して亡くなった神成利男さんの話、アイヌの話、二風谷の話……石原さん、いつものように熱い。

一月×日　日曜日

『政党政治の雄』のうち「原敬」を読了。続いて、「犬養毅」（武田八洲満）読了。川村竹治は、犬養毅内閣の司法大臣。犬養毅の関連で「大隈重信」（澤野久雄）へと進む。澤野の筆は重い。大隈重信をほめたたえまいと苦しんでいる様子がひしひしとつたわる。伝記としては失敗だろうが、作家の良心をその重い筆にみる。

しかし、政治という雲をつかむような世界に興味を持続していけるだろうか。

一月×日　月曜日

参考資料にと、二百円均一にしないでとっておいた、日本の宰相シリーズより『原敬』（前田蓮山／昭和六十年）、『犬養毅』（岩淵辰雄／昭和六十一年）を抜く。眠りにつくまでの読書用として。

今日も快晴。

とても気持ちのよい日。こんな日には、買いっ放しで店の棚に横積みにしたままの本を背が見えるように立ててあげたい。この半年間でコツコツためたものだ。川村竹治特集に使えるのかどうかもふくめて、少し、現在の在庫を把握することは必要だ。何が足りないかを知るためにも。

一月×日　火曜日

今日も朝から棚整理。『政界人は乱れ飛ぶ』（浅尾勝彌／昭和七年）を抜き出す。「故・犬養首相論」「浪人肌な三木武吉」などの目次にひきよせられるが、来月開催の「趣味の古書展（以下「趣味展」）」の当番仕事が控えており、午後一時には、御茶ノ水の東京古書会館（建て替え中で千代田区中小企業センターに仮移転中）に居なければならない。あわただしく、「ニコニコ顔の川村竹治」の章を開く。こんなふうに、川村の略歴が簡潔に語られている。

川村は明治三十年大學を出て江木翼や美濃部達吉と共に內務省にはいつて來た、此の時の秘書課長は水野練太郎であつたが四人採用の內川村は一番ビリで採用になるかならぬかの危険線に彷徨してゐた、しかし水野は川村と同鄕の關係もあり且つ又學校の保證人でもあつたので採用に決したのである、その後水野の推薦で原內閣時代には警保局長になり內務次官にもなれば滿鐵社長に榮進し、久しく冷飯を喰つてゐる間に田中內閣となつて臺灣總督にまで昇り、大臣候補者級に漸進したのである。

また、川村が司法大臣になったいきさつはこうだ。

犬養は人に對して好き嫌ひが激しかつた、殊に川村や三土は黨內において最も嫌はれた方であらう、然るに犬養は惡んでも好い所を擧げ、好んでも惡るい點を拾つて人を指導するといふ公平な心境を有してゐたと見えて、あれ程嫌ひだつた川村を拾ひ上げたものであると解する。もとより鈴木、鳩山、森の推薦はあづかつて力があつたに相違ないが彼れも亦臺灣に二度の勤めは御免で御座るといつて首相に對して下駄をあづけた程の度胸もあつたればこそ大臣になつたのであり、又いくら輕蔑されても隱忍自重して來た爲めでもある。

他に「無産党の祖・幸徳秋水」があった。川村竹治と幸徳秋水は同い年生まれ、一八七一年の明治四年。川村竹治は、秋水のことをどんなふうに見ていたんだろう。秋水を、川村目録のどこに出したらいいだろう。

JR御茶ノ水駅までの車中、堀切直人さんの『野に属するもの』(平成十一年/沖積舎)を読む。こんな言葉に目頭が熱くなる。

アランは読者を「物」に立ち向かわせる。「物」は夢想の靄を一挙に吹き散らすほど堅固で、ちょっとやそっとではびくとも動かず、取りつく島もないほど無愛想である。だが、それこそが、人間の精神を確実に鍛練し、充実させ、成長させる物言わぬ名教育者なのである。「物」

とじっくりつき合うことによって、私たちは初めて真の軽みを、重さや暗さを揺曳することのない精神の軽さを手に入ることができる。「物」は私たちを迷夢から覚まし、天狗の鼻をへし折り、人柄を謙虚にする。「物」から離れると、人はかならずやうぬぼれ屋となり、目がみえなくなる。逆に「物」に接近することで、人は自らの精神の限界を思い知らされ、と同時に、それまで気づかなかった精神の大いなる可能性に目を開かされる。人は「物」とともにあるときにのみ正気を保つことができるのであり、「物」から離れるや、とたんに狂気の雲霧のなかに迷い込んでしまうのだ。「物」こそは、人間という徒弟を一人前に仕込む、唯一無二の厳しくやさしいマイスター（師匠、親方）なのである。

「物」を「古本」と置き換えて、また再読。

古書組合で、「趣味展」の当番仕事を終え、夜の南部支部新年会まで少し時間があったので、神保町すずらん通りの「書肆アクセス」に立ち寄る。ここは、東京で、ぼくの一番好きな新刊屋さん。小一時間ばかり本と向き合う。純粋な客とはいえない。川村竹治特集に使えそうなものを物色。

『追跡『東京パック』下田憲一郎と風刺漫画の時代』（高島真／平成十三年／無明舎出版）、『従軍作家　里村欣三の謎』（高崎隆治／平成元年／梨の木舎）を迷わず買う。『原阿佐緒文学アルバム』（小野勝美編／平成二年／至芸出版社）は少し迷ったが、「漂泊」と題された阿佐緒の息をのむ美貌について買ってしまう。川村竹治と阿佐緒は全く関係ないのだが。

一月×日　水曜日

朝七時起床。粗大ゴミの日。この十年間お世話になった椅子二脚を出す。

お客さんの一人である岡町高弥さんより、『Monthly Takamitsu』95号が届く。身銭を切ってまでの演芸感想記が綴られている。出不精のぼくに、志ん朝や志の輔の芸を見た気分にさせてくれる楽しみな個人誌。『笑息筋』という原健太郎さんの個人誌が同封してあった。原健太郎さんという人は、お会いしたことはないが、うちのお客さんの一人。そこには、「もっと笑いたい人のための日本一やすっぽい月刊雑誌」とあり、岡町さんによる熱っぽい「志ん朝」追悼文が掲載されている。「ありがとう志ん朝、さようなら志ん朝」というタイトルの横に、「古今亭志ん朝の死を無駄にするな。」とある。なんでこんな楽しい月刊誌が百六十号も出ているのに存在すら知らなかったのか。さっそく年間購読料千四百四十円を切手で申し込む。

今日は、明日搬入の「五反田遊古会」展のための均一づくり。二百円、五百円、千円のシールをただひたすら本に貼りつづけるだけの作業を、うちでは〃ハリハリ〃と呼んでいる。美央の妹のフミちゃんも〃ハリハリ〃部員。フミちゃんに、夜、応援に来てもらった。

ただ貼りつづける二人に悪いなあと思いつつ、今日もちょっとだけ川村竹治。『新政治家列傳』（荒木武行／昭和七年／内外社）収載の「川村竹治」をひろい読み。

とう／＼彼は大臣になつた。田中内閣の末期に拓務省が出來たとき彼は第一期の拓相として自らも任じ、世間も亦これを信じたのであつたが突然の政變で拓相は實現しなかつた。然るに犬養內閣の改造で鈴木法相の內相轉任によつてその後任たるを得た。彼としてはもつと早く入閣してゐた筈だのに、と思つたかも知れぬ。生國は秋田縣の花輪町、相當苦學をして大學を出ると地方官になつた、それが原敬に認められてトン〱拍子に出世し、警保局長から內務次官、滿鐵總裁から臺灣總督と、目醒ましい進展ぶりである。

原敬は何といつても大きかつた。その原が同じ南部藩だ、と云ふ鄕黨的な關係もあるが、兎に角も彼の才幹を愛して、大に目をかけたのは事實である、が、彼としてもそうした榮進をする丈けの異色ある表質は充分に備へてゐた。見るからに堂々として坂上田村麿のやうな風貌もさること乍ら、荒削りのどことなく大きくゆつたりした風格は地方官などを稼いだとは思へぬくらゐである。何となく太つ腹で大きい、茫洋といつた感じである。

東北團體としては原敬沒後は殆ど寂寥を極めてゐる。彼の入閣によつて僅かに氣を吐いたに止まる。が、出來得るならば彼が原敬のちありとの決意をもつて、大に奮鬪し自ら內閣を組織する位の大望を抱き勇往邁進すれば相當のところまでは行けるだらう。何と云つても乾分が大切だ。その素質に於てその力に於て欠くるところなき人物である。たゞこの上は努力一ッである。

彼は亞州と號し漢詩も作るし書もうまい。特にその書は閣僚中犬養首相に次ぐ名手で墨痕淋離、すばらしいうまさだ。言葉なども南部辯丸出しで、見かけによらぬ親しみと懷しみがある。家庭の淸福は云はずもがな川村夫人は有名な川村女學院を經營し、その內容の完備は私立女子學習院と云はれるほど世上の好評を博してゐる。

第二の原敬たるか、否か。今後の動きこそもっと注目に價するものがある。

「第二の原敬たるか、否か」、結局、川村竹治は、「第二の原敬」にはなれなかった。「五・一五事件」による犬養内閣総辞職によって、川村の運命も大きく変わることになる。

小雨の中を美央と二人で帰る。帰宅十二時半。

一月×日　木曜日

朝早く、店に到着。八時、「五反田遊古会」展の荷を運送の平野さんにあずける。息苦しいほどの本の山が出ていき、ポッカリ青空が見えるようなすがすがしい気分。

原本が手に入らず、秋田県立図書館から取り寄せた『肝の人　川村竹治』（新山虎二／昭和二年／萬里閣書房）のコピーを読み始める。川村竹治、唯一の伝記だが、饒舌かつ繰り返しが多く、いささかうんざりする。

五反田の南部古書会館に行く。午後六時半、本の並べを終え、美央と二人で線路向こうのチャンポン屋で夕食。ふづきさん（ふづき書店）が娘さんと同じく食事中。ふづきさんは、今回で「五反田遊古会」同人をやめる。今後は、専門のキリスト教文献一筋でいくとのこと。

一月×日　金曜日

快晴。「五反田遊古会」展初日。

山口先生（山口昌男）、坪ちゃん（坪内祐三）現れる。なないろさんと一緒にお茶を飲む。山口先生の帽子姿を初めて見る。黒づくめのいでたち。「黒いセールスマン」風で怪しいのだが、なぜか、格好がいい。格好がいいといえば、昨年の暮れ、坪ちゃんが飲んでいる時にいった言葉。

「古書展に行くということは、未来への視線を鍛えることだ」

早稲田大学の坪内教室の学生の質問に答えていった言葉を思い出す。ぼくは、果たして未来への視線を鍛えるにたる古本を持って来ているだろうか。

夜、中華料理店「梅林」にて遊古会の新年会。

西原和海さんからのＦＡＸ

一月×日　土曜日

二日間の「遊古会」展を終え、今は真夜中の十二時。店の前を行く車もまばらな深夜、ホロ酔い気分で店にいる。

「京都から戻ってから、電話をしますので、ご都合よろしき日、考えておいて下さい。満鉄総裁が柱となる目録とのお話、たのしみですね」

西原和海さんからの、そんなＦＡＸに思わずニンマリ。ＯＫの返事だ。西原さんに、満鉄文献の〝個人授業〟を申し込んでの結果は吉と出た。満洲研究に関して最も信頼している西原さんに直接、話を聞ける。これがぜいたくというものだろう。
西原さんは、『かなしみの花と火と――満洲ノ鉄道ト民タチ』（秋原勝二／平成七年／沢々社）、『古川賢一郎全詩集』（西原和海編／平成九年／沢々社）という貴重な満洲文献の発行者だ。夢野久作、杉山茂丸の研究家としての顔の方が有名だが、西原さんと聞けば、ぼくには満洲がまず浮かぶ。西原さんへのお礼のＦＡＸに二月の中旬ごろ、三時間ほどでいかがかどうかをうかがう。

一月×日　日曜日

仕事休み。

『原敬』（前田蓮山）を連れて、近所のシャレルで散髪。半年ぶり。疲れか、ウトウトしてしまう。

午後、川崎へ美央の好きな俳優ビリー・ボブ・ソーントンが出ている映画「バンディッツ」を見に行く。夜七時の回まで小一時間あり、近所の近代書房さんで時間をつぶす。川村目録に使えそうな本を抜いていく。至福の時なり。

一月×日　月曜日

朝から雨。池上駅で電車待ちしている間、何気なくながめた日経写真ニュースに、太平洋炭鉱閉山の記事。最後の炭鉱、とある。時代の流れとはいえ、降りやまぬ雨とあいまって悲しい気分となった。カメラマンに向けた男たちの顔が、父の顔とダブる。
店に着くと、西原さんからＦＡＸが届いている。

「二月中旬ごろにしましょう。「授業料」なんぞご放念ください。古本相手に二人で遊びましょう。三時間では無理でしょう。夜までかかると思います。体力と覚悟を要しますが、大丈夫？」

少し気分が晴れてきた。

締め切りを六日（！）も過ぎた、「趣味展」の目録をどうしてもあげないとえらいことになる。昨年末の「明治古典会」で買った「色紙狂」の蒐集品を書きなぐっていく。芸人や作家の言葉を、ただ書き写していく。直木賞作家・古川薫は、こうだ。

ペンは大脳皮質前頭速合野の指である。その先に宿る思念の一瞬の光芒をインクに溶かして、おのれの言葉を創造することでありたい。

こう書いてみて、ちょっと頭に入りにくいのが、玉に瑕か。

じゃあ、これなんかどうだろう。作田啓一の色紙。

無能な学者でありたい。

有能な技術者であるよりも。

社会学者・作田啓一は、満洲国建国大学副総長・作田荘一の息子。作田荘一の伝記ってあるんだろうか。

妄想がよぎる。私家版で百ページほどで発行部数は百部、装幀はそっけなければそっけないほどいい、題名は『父・作田荘一』、著者はもちろん、作田啓一。そんな本がないかなあ。田中邦衛の墨書色紙もある。

がきの頃から
イロハが駄目で
覚えているのは
イロばかり

こんなしゃれた言葉を手にとれる幸福。買ってよかったと思える一瞬。字も味がある。
今日、母、弟のところより我が家に来たる。母は、乳がん治療のために上京している。一カ月ごとに、弟のところと我が家を漂泊中。通院治療で、三週間に一度、築地の国立がんセンター中央病院に抗がん剤投与を受けに通っている。全六回で一区切り、今度の金曜日が最終回。どんな結果が出るだろう。田舎に帰れるのだろうか。帰りたいだろうな。

一月×日　火曜日

快晴。
店の空気清浄機、三年ぶりに脱臭フィルターを交換する。八千八百円なり。

日曜日に寄った川崎の近代書房さんから本が届く。『上海漫語』（内山完造／昭和十三年／改造社）、『支那漫談』（村松梢風／昭和十三年／改造社）、『戦争の横顔』（林房雄／昭和十二年／春秋社）、『満鉄最後の総裁山崎元幹』（昭和四十八年／満鉄会）などなど。

そのなかで、ビニールでパッキングされていて、中身を見ないで買った『大震の日』（第一高等学校国漢文科編／大正十三年／六合館）をひらく。一高生による「震災」体験の作文集。裏見返しに旧蔵者の「関野武夫」氏が、こんなことを書いている。「去年の今日は初めて東京に出で雨の中を草履引ずり廃墟の如き銀座を歩いたのだ。感慨無量。大正十三年九月三日」と。

草履じゃ、さぞ足が痛かっただろうに。そうか、洋靴はまだ、一般に普及していなかったんだな。でも、よりによって、なんでまた大震の二日目に、わざわざ出てきたんだろう。書きつけた文字から推測するに、若者とは思えない。息子、あるいは娘の安否を確かめに来たのか。なぜ、上野でも浅草でもなく、銀座だったのか。死屍《しし》累累《るいるい》たる光景だったろうに。「廃墟」の一文字が、かえって妄想をかき立てる。関東大震災から七十八年、この「関野武夫」氏は、この世にいないだろう、まさに感慨無量だ。

『大震の日』を一ページ一ページ開き、執筆者の名前を追っていく。二十一歳の石田英一郎、二十歳の神西清、しわくちゃ顔しか浮かんでこない福田赳夫はまだ十九歳か。「その夜はいやに重苦しい夜であった。自分はいつになく転々として一夜を送った。悪夢は幾度か自分を襲った」か、福田赳夫少年よ。本を手にし、値段を考える。もちろん、川村竹治目録に載せる値、である。よく見かける本か、そうでない本か。この『大震の日』のポイントは何なのか。現物を何度もさわって考えてみる。こうした値付けに、悩んでいくことだろう。
ふと気づくと神西清の一文にすいこまれている。大震の日の午前、九月十日から新学期が始まるアテネフランセへ通おうと誓いあって別れた友・川田君の死を悼む熱い一文。

人は逝く、都市は滅びる、そして星霜は遷る。……然し、然し、それら、人を、都市を、星霜を、無意味に消え失せる水泡にはしたくない。

後にロシア文学者になる二十歳の神西清の言葉に一万五千円の値段が、ジンワリ浮かんでくる。

一月×日　水曜日

午後三時、今日も腰が九十度に曲がった九十歳ぐらいのおばあちゃんが、初老の息子さんらしき人に手を引かれ店の前をトボトボ歩いていく。前方を見ることすらかなわなくした労働とは、一体、どんなものだったんだろう。ラーメン屋前のバス停で、信用金庫前の横断歩道で、出くわすたびに思う。午後六時、遊古会展の荷が戻ってくる。さて、送り（本の発送作業）を開始しよう。生活費をかせがねば。
川村竹治から遠く離れた一日だ。
午後十一時、美央と二人、家へ自転車を飛ばす。月のとってもきれいな夜。

一月×日　木曜日
「五反田遊古会」展の送りを、昨日に続きもくもくと。夕方、作業を終える。

一月×日　金曜日
築地にある国立がんセンターで終日過ごす。
母、採血、診察、レントゲン写真、超音波検査、抗がん剤の点滴とハードスケジュール。待合室で、いくたびも嘔吐する。患者で込み合い、空気がよどんでいる。お昼時、初老の男が、空腹のせいもあってか、先生の横柄な態度をなじっている。ぼくは、朝、売店で買ったばかりの『文藝春秋』二月号を読む。特集の「鮮やかな日本人」を何事もないかのように読み進める。そういえば、正月明け、『文藝春秋』の新年号もここで読んだっけ。東海道新幹線の「ひかり」「のぞみ」は、満鉄のエースナンバーから名づけられていたことを初めて知って、驚いたんだ。少し、怖い気さえしたんだ。敗戦から五十七年、この平成日本のど真ん中を、満鉄の亡霊が走っているのか、と。亡霊、というより、妄執、か。新幹線とは、満鉄の特急「あじあ」なのだろうか。
午後五時、母、美央、ぼく、タクシーにて帰還。検査結果は二月二十二日。

一月×日　土曜日
今日は、石神井さん（石神井書林）の『石神井書林 日録』（内堀弘／平成十三年／晶文社）出版記念会。

出発までまだ時間は十分ある。そこで、昨秋、五反田入札市で買ったはいいが、ほったらかしのままのダンボール箱に手をつける。軽く片づけられるつもりだったのに、人名事典や年表を引っ張り出すはめに。封筒の宛先が「朝鮮」、しかも、年代が大正時代だったというだけで買った手紙や紙切れの入った一箱だ。机の上は大混乱となる。近現代史の基本的知識の欠如をつきつけられる。「お前ごときに、このオレがわかるか」と、現物が、ぼくをためしている。旧蔵者の桜井小一とは何者か。ぼくの人名事典に、その名はない。

一月×日　日曜日

昨日の出版記念会、飲みすぎがたたってか、頭が痛い。財布を開けると、お札はすっからかんで、神保町すずらん通りの飲み屋・浅野屋のはし袋が一枚、ポッネンとあるだけだ。二次会の会場だった。ぼくの酔っ払った字がタコ踊りしている。汚い字で、

一　勝手にしやがれ

二　有りがたうさん（清水宏）

三　レジスタンス（ブレッソン）

二次会で、内藤誠監督と居合わせ、酔ったいきおいで今まで観た映画のベスト3を聞いたメモだった。内藤監督が、観たばかりの清水宏監督の作品「有りがたうさん」を熱っぽく語る顔が浮かんでくる。内容を聞いたはずなのに、そのことはスッ飛び、その場の心地よさだけがよみがえってくる。「川端康成原作」「プロレタリア小説」「昭和十一年」「乗合自動車」……内藤監督のこ

まぎれの言葉がチラチラ点滅するだけだ。「有りがたうさん」とは、一体、どんな映画だろう？

そういえば、ぼくの前の席には、映画配給会社「スローラーナー」の越川道夫さんもいた。石神井さんの処女作『ボン書店の幻』（平成四年／白地社）を映画化したいと動きだしたばかりの三十六歳の青年だ。初対面なのに、何か懐かしい気分になったのは、昔、映画の現場にちょっとだけいたせいか。

映画づいた昨夜の二次会のあおりで、ビデオを二本借りてくる。「東京物語」（昭和二十八年）と「秋刀魚の味」（昭和三十七年）。美央はお出かけで、母は隣りの部屋で病臥中。立て続けに二本観る。「秋刀魚の味」の東野英治郎、男の落魄が胸に迫ってくる。その東野、笠智衆、杉村春子、みんないなくなったんだなあ。

天龍三郎自伝

一月×日　月曜日

新宿にある模索舎より、目録『特集・寺島珠雄私記』を『模索舎月報』の二月号に載せるという。さっそく、紹介文を書く。一年前に出した古書目録を売って下さるというありがたいお話だ。何度も書き直す。

――アナキスト詩人・寺島珠雄（大正14〜平成11）の生涯を古本をつかって描いた古書販売目録です。つかった古本の数は約一万五千冊。４４６ページ。発行して約一年たちますが、読める古書目録です。どうぞ現物に触れて下さい。――一冊でも売れるとうれしい。

夜、黒川洋さんへTEL。先日、送っていただいた詩雑誌『騒』のお礼かたがた雑談。五十九歳になられたという。寺島珠雄特集目録作製の時、色々お世話になった。黒川さんは、今、アナキスト文学者や映画人の事績を掘り起こすという実に地味な作業を進めている。送られてきた今月号には、映画「評判家」の南部僑一郎の年譜を書かれている。あらかた話が終わった後の会話は、いつも、「黒瀬春吉」のこと。黒瀬の唯一の歌集のこと。その歌集、この世で探しているのは、ぼくと黒川さんの二人だけだろうな。出版されたのか、されなかったのか幻の歌集だ。市場でひょっとして出会えるんじゃないかという淡い期待も虚しく、七、八年が過ぎた。

一月×日　火曜日

昨夜から読み始めた『小説春秋園事件始末　大相撲史上最大の反乱』（殿岡駒吉遺稿集／平成六年）が面白く、今日の午前中いっぱいかかってやっと読了。天龍三郎の自伝『相撲風雲録　私の歩いてきた道』（昭和三十年／池田書店）を引っ張り出していた。こんな言葉があった。

自分で幕内力士となり関脇となつてみて相撲の内部生活の不合理さが、いよいよ身にしみるばかりであつた。力士がどうしても、一個の職能人として、当り前の暮らし方ができないように、相撲社会そのものができあがつているのである。天下の関脇力士となつて正味の月収七十円と、或るとき私は計算してみた。これではとてもマトモには暮らせない。年寄り制度、茶屋制度、協会の収入源の算定法、会計の不合理、真に相撲を見たいと思う愛好家の閉め出し切符制度、まるで、なにもかも改めてもらいたい条件ばかりである。なんとか今のうちにせねばならぬ。こんな事態では相撲そのものがやがて衰微する。われわれ力士がいちばん可哀そうだ。後援者を物色し、お世辞をつかい、オベンチャラをいわなくては、一人前の門戸の張れぬのが今の力士渡世ではないか。改革の烽火《のろし》をあげるのは今だ。

その頃である。

昭和七（一九三二）年一月、腐敗せる相撲協会に反旗をひるがえした天龍三郎と新興力士団の興亡を描いたのが、『小説春秋園事件始末』だ。話の筋からはずれているが、こんな言葉が、ぼくの胸にひびく。

三郎、力士というものは読んで字のように、立派なサムライでなくてはならぬ。断じて道楽商売と思ってはいけない。武士道精神で貫くべきである。現在の多くの力士どもは皆幇間（ほうかん）のような気持ちで、ひいき筋、後援会の旦那衆のご機嫌とりにうつつをぬかしているが、そんなことでは到底国技の伝統を護りつづけていくことはできにくい。つねに力士が一個のサムライであるという毅然たる誇りをもって、まず相撲の技と共に精神を鍛えあげねばならぬ。（中略）いいか、相撲が上手になることよりも、幕内力士や三役に出世するよりも、お前たちがまず立派な人間になって、その上で、世間が力士を見る態度、関取を取り扱う見方を改めさせるのだぞ、わかったか……

十八歳の天龍に教えさとす師匠の出羽ノ海親方（常陸山）は、この二週間後にこの世を去る。大正十一（一九二二）年六月十九日。もし、この師匠が生きていたら春秋園事件は起こらなかったかもしれない。

いや、それでも天龍は立ったか。涙をのんで立ち上がっただろう。彼の目的は、親方の個人攻撃ではなく、相撲協会の旧弊打破なんだから。

いまの力士たちはどうなんだろうか、そんなことを考えている。「後援者を物色し、お世辞をつかい、オベンチャラをいわなくて」も「一人前の門戸を張」っていけるのか。そして、力士による力士のための革命に体を張った天龍三郎の名を、「春秋園事件」を、満洲で客死した天龍の盟友・大ノ里萬助の名を、栃東たち平成の現役力士たちには知っていて欲しい。ぼくの今度の目録は、一九三二年が主舞台だ。天龍には、どこに登場願おうか。「革命」の挫折ののち、海を越え活路を求めた満洲に置くか、それとも冒頭からいきなり出すか。あれやこれやを考えていることの一時が楽しい。

一九三二年、時代の破片はまだまだ、あちらこちらにころがっている。ぼくのひそやかな「一九三二」といえば、我が母上は一九三二年生まれであった。来月二十二日の検査結果、「吉」と出て欲しい。

夜十一時半、今年一番の寒い日、出羽ノ海親方の言葉を反芻しながら、家路を急ぐ。「力士」を、「古本屋」に置き換えていた。なんでも、置き換える自分がおかしい。でも、出羽ノ海親方の言葉は、耳に痛い。

一月×日　水曜日

朝、テレビを見ていると、太平洋炭鉱の閉山のニュースが流れてきた。最後の入坑の一場面だ。これで、日本の全ての炭鉱が消えた。

店に出る。札幌の弘南堂書店さんより、「北方文献特輯」古書目録が届く。巻頭写真版に辻村もと子の処女創作集『春の落葉』が出ている。昭和三年で六万五千円、とある。本の美しさの毒気にあてられたのか、同じページに並んでいる『集産党事件概要』（札幌控訴院検事局／昭和四年／一万六千円）、『千島探検録』（白瀬矗／明治三十年／八万五千円）、『小樽孤児院報』第一号（明治三十五年／四万五千円）はまだいいとして、市場で手にとってみたとしても、まず、入札することはない『西伯利出兵憲兵史』（憲兵司令部／大正末／十二万円）までが、不思議と気をひく。フラッフラッと注文を出したくなってくる。目録を追っていく。「二一四八番　太平洋炭鉱労働組合三十年史」（同組合（釧路）／昭和五十一年／八千円）の文字が現実に引き戻してくれる。朝のニュースが頭をよぎる。

一月×日　木曜日

ただこれだけのことは云えるさ。民族協和もいい、新らしい土もいいさ。しかし、それはあくまで現実化しているのでなければだめだということさ。合作社の連中くらいのものだよ。とにかく他民族との生活を本気でやってるのは……。

苦渋に満ちたプロレタリア作家・島木健作の、この言葉を書き記したのは、大瀧重直という初めて目にする人物だ。さっそく、『日本近代文学大事典』（講談社）をひもとく。

明治四三・一一・五〜（1910〜）小説家。秋田県生れ。（中略）秋田魁《さきがけ》新報記者後、島木健作に師事。（昭和）一三年来、満洲農村調査のため現地往来。処女出版『劉家の人々』（昭和十六年　東亜開拓社）

とある。こんな人もいたのか。大瀧重直の名は覚えた、でも島木健作が激賞したという『劉家の人々』をつかまえることは出来るだろうか。つかまえたと思った瞬間、満洲は糸が切れた凧のようにどこかにいってしまうのだ。紙質の悪いザラ紙、たった四ページの吹けば飛ぶような『島木健作全集』（昭和二十五年／創元社）月報十二号からだ。「主婦の友社」社員の旧蔵資料だ。ダンボール三箱分を整理していたら出てきた。その「満洲遍歴の島木健作氏」と題した大瀧重直の一文は、「島木さんのみた満洲のそれは余りにも悲劇的でありすぎた」としても、「澄んだ、するどい、しかも、いつでもそれは深い微笑と声高な張りのある笑いに変る表情」の男を活写している。

二月×日　金曜日

明治古典会の入札日。

その帰り、石神井さんに誘われて弘隆社（現・彷徨舎）に寄る。出たばかりの『遙かなる人間風景』（大崎正二／平成十四年／弘隆社）をいただく。その中で興味をひいた「大井廣介の不思議」を帰りの車中で読む。

夜、閑々堂さんから届いたばかりの『神田日勝／深井克美展図録』（練馬区立美術館／平成十年）をながめる。神田日勝の「室内風景」は、怖い。原画をみたいと思わない。みたいどころか、このページを切り落としたい。それなのに、やっぱり見入ってしまう。

二月×日　土曜日

昨日の明治古典会、落札品が届く。まず、「これはいける」と判断したものを棚に押し込む。見所はあるけど、川村竹治目録に合わないものは、「五反田遊古会」の目録に回し、それ以外は、二百円、五百円の均一用シールをおもむろに貼っていく。机の上を人や時代がものすごいスピードで駆け抜けていく。机のまわりに均一本の山がみるみる築かれていく。「ツブシ」だって負けてはいない。文字通りツブスのである。パンパンに膨れ上がったゴミ袋が、あちらにゴロリ、こちらにゴロリだ。こうして、見捨てられた本が、反抗するかのようにゴミ袋を突き破っている。

反逆を、ぼくはガムテープで押さえ込んでいく。入札翌日の日常である。

外が暗くなっている。日が暮れて、缶ビールだ。ぐいと飲み干し、静寂の戻った机にむかう。生活の時間を終えた、いわば放課後、か。今日一日で一番気になった本を手にとる。スクラップブック二冊。

旧蔵者によるのか、そこには、「闇」関係資料、と記されている。市場でみた瞬間、照明関係の資料だと思ったのだった。どうして、そんなヒネた考えをしたのだろうか。どうやら、裏の裏を読む習性が身体に染み込んでしまったようだ。いま、みれば手作り表紙にちゃんと「昭和二十年」「昭和二十一年」と書いてある。「闇」とあるのは、闇市、闇米、闇の女といった、敗戦直後の風俗をあらわすキーワード、あのオーソドックスな闇だったのだ。新聞の切り抜きには、日付がきちんと書き添えられてある。

○「帝都の裏玄関口に蠢めく〝生ける屍〟群＊上野界隈地獄世相の縮図」（昭和20・10・23）
○「大ッぴらの闇煙草＊儲け放題……豪勢な闇商人」（昭和21・6・1）
○「東京の露天商八万＊一カ月実収五百円から千五百円」（昭和21・6・24）
○「米通帳も〝買まッせ〟＊梅田自由市場いよいよ深刻」（昭和21・7・2）
○「初のメチ殺人罪＊大阪で三名送局」（昭和21・7・13）
○「イット満点ステッキ・ガール大繁昌」（昭和21・7・16）
○「帝都で二露店街を閉鎖」（昭和21・7・22）

○「大阪の闇市に大鉄槌＊米軍政部府知事に撲滅指令」（昭和21・7・26）
○「悪の温床・闇市の正体＊全くの無警察状態　私刑の留置場も特設」（昭和21・7・28）
○「闇市商人あすは何処へ＊迷ふ汗と涙の顔」（昭和21・8・1）
○「京の闇市も閉鎖＊米軍政部から命令書」（昭和21・8・3）
○「〝先生の卵〟が半年も学校休んで闇屋＊池田師範つひに退校処分」（昭和21・9・29）
○「闇値は逆に昂騰＊見当違ひの闇市征伐」（昭和21・10・4）
○「乗客の八割は闇買出し人＊近く魔の北陸線に大鉄槌」（昭和21・10・10）
○「六大都市にヤミの女二万＊サムス厚生局長談」（昭和22・1・25）
○「中学生のヤミに六月求刑＊冬休みに売ろうとしたみかん六貫」（昭和22・1・17）
○「ヤミカフェー摘発＊物価統制法違反」（昭和22・3・27）
○「ヤミに咲く花の生態＊かせぎ頭三万円」（昭和22・10・15）
○「ヤミ買いをせずに餓死をした判事」（昭和22・11・5）

「闇」蒐集家に敬意を表し、ていねいにパラフィンをまく。

木山捷平日記

二月×日　日曜日

ぼくも休日。美央の誕生日プレゼントを買いに雨そぼふる新宿をさまよう。中村屋のカキフライ定食で一息つく。

二月×日　月曜日

去年の今頃、ぼくは何をしていたのだろう。寺島珠雄に血道をあげていたことは間違いないが、記憶は茫洋としたままだ。

こんなことをふと思ったのは、京都の大月健さんから『虚無思想研究』十六号の「寺島珠雄追悼特集号」（平成十二年七月）を送っていただいたからだ。寺島目録にももちろん取り上げ、読んでいるはずなのに、記憶がとんでいる。どの追悼文も、改めて読んでみると、まるで初めて読むように新鮮かつ面白い。その頃、ぼくに、心のゆとりがなかったからに違いない。阪本周三の追悼詩「歩哨兵の掟――寺島珠雄の死に添えて」の前で立ち止まる。未知の人だ。

（前略）
「自分の持ち場を離れるな」
パリの半地下室から出なかった椎名其二のアルチザンの寡黙について話しながら
歩哨兵の掟のようなことをあなたはぼくに言い
それをぼくは信条のように思い
そして守れず

それから五年後にぼくらは別れたのだった

上等のはんぺんを焼き生《き》醬油で食す幸福を
酒の肴を自らの手で作る大きな愉快を
久保田の一滴を舌の上でころがす喜びを
（あのころ千寿も万寿もなかった。久保田は久保田だった）
両切りピースを深々と吸い肺にみたすことの言い知れぬ愉悦を
すなわち教条より舌を信じること
このエピキュリアニズムを
あなたとぼくのアナキズムの
地上での唯一のモラルとして
ぼくはこの無作法の国での日々を生きていかなければならない
そう紙に記して（誓って）
あなたにもういちど出会う日を待ちたいと思うのだが

この詩を、寺島目録に引きたかった。目録『寺島珠雄私記』をどこかで読んでいてくれただろうか。しかし、同封されていた最新号『虚無思想研究』十七号は、阪本周三追悼号とあった。缶ビールをあけ、もう一度、「歩哨兵の掟」を読む。

二月×日　火曜日

月刊『現代』編集長の中村勝行さんより、「満洲建国七十周年特集号」をやるので、そこでの原稿依頼の手紙が届く。「古本屋からみた満洲文献、あるいは出版事情」といったテーマで四百字、十五枚から二十枚で、と。中村さんとは、一度お会いして好印象を持った方だが、満洲はとてもぼくの手におえる代物ではない。のどから手が出るほど知りたいのは、こちら側。断りの手紙を書くが、書きながら、ふと、ある男のことが浮かんできた。川村竹治目録を作ろう。そう思わせたある人物である。

男の名は李奉昌。

「昨秋、たまたま市場で、第八代満鉄総裁・川村竹治の資料を買い、コツコツ彼の周辺をあつめているところです。彼は、犬養首相（内閣）の時には司法大臣をしており、ちょうど、一九三二年の五月十四日、豊多摩刑務所をおとずれています。その訪問時の刑務所の資料がとても刺激的でした。当時、中に李奉昌（十月十日死刑）という天皇の車にバクダンをなげた男が収監されておりました。その李の予審調書が、川村竹治の旧蔵資料の中にあったのです。歴史に埋もれた李の言葉を目録にうつしたいという欲が、今度の目録をつくらせています。川村竹治の五月十四日豊多摩刑務所訪問から始まり、「五・一五事件」で終わる物語が出来ないかなあと」

李奉昌。り・ほうしょう。イ・ボンチャン。一九〇一年、朝鮮京城府に生まれる。三二（昭和七）年一月八日午前十一時四十四分、東京・桜田門近くで、陸軍始観兵式帰りの天皇一行に手榴弾を投げた。同年十月十日、市ヶ谷刑務所にて死刑執行された。別名、朝山昌一、松井一夫、松原一夫、木下藤昌、木下昌一、木下昌藏……。

この李奉昌の予審訊問調書を川村竹治が持っていた。二人が、直接、顔を会わせたのかどうかはわからない。しかし、天皇に爆弾を投げた男に興味がないはずはない。死刑を最終的にきめることも、司法大臣の役目のひとつなのだから。職務上、川村竹治の元には、硬軟、さまざまな事件の資料が届けられたことだろう。そのなかで、李奉昌の予審訊問調書だけが、なぜか生き残り、いま、ぼくの前にある。李奉昌のこの予審訊問調書があの日、市場に出ていなかったら、川村竹治を知ることもなかった。

二月×日　水曜日

これもなにかの縁かと、昨日買った月刊『現代』三月号を読む。立花隆の一文に「彼（岸信介）は学生時代に北一輝の影響を受けて、国家主義の運動に身を投じます」とあり、ちょっと驚く。

身を投じたという国家主義運動とは何だったのか。北一輝と岸信介、似ても似つかないこの二人が、どこで交わる瞬間があったというのか。岸信介にも紅顔の血気盛んな時代があったのか。立花隆の書く、この出典を無性に知りたくなってきた。本当なんだろうか。

店の奥、薄暗いところに鎮座したままの『戦前における右翼団体の状況』（昭和三十九年／公安調査庁刊）を引っ張り出し、机の上に置く。全四巻三四六三ページ、積むと十六センチ、重さは三・八キロ。なにかの役に立つだろうと大枚はたいて市場で買っておいたものだが、まさか、岸信介をさがすことになろうとは夢にも思わなかった。「北一輝」「学生団体」「大正八・九年」（岸信介の略歴を調べていると、東京帝大独法科卒が大正九年とあり、そこにあたりをつけて）の三つをキーワードに大著に挑む。右翼に暗いせいか、といって左翼にも暗いのだが、または岸信介への愛が乏しいせいか、林立する右翼団体の数に圧倒され右往左往のていたらく。岸信介がみつからない。

ボーッとしているところへ、唐突に「長谷川淑夫」の名前が飛び込んできた。大川周明を会頭にいただく「神武会組織一覧表」、昭和八年十二月現在の函館支部長に「メリケン・ジャップ」谷譲次（長谷川海太郎）の父親の名がある。しかも、支部員百二十人とあるではないか。長谷川淑夫にクラッとなる。正伝も外伝もない人だ。谷譲次の弟で三男の長谷川四郎は、この時、二十四歳、まだ法政大学の学生だ。長谷川四郎も満洲にとても縁の深い人だ。それはともあれ、長谷川淑夫は、函館でどんな活動をしていたんだろう。とても惹かれる。惹かれるけれども、いまは、とりあえず、岸信介だ。

資料にふりまわされ、一日が暮れていく。

二月×日　木曜日

「趣味展」が明日からだ。本を並べに一ツ橋の日本教育会館へ（東京古書会館建て替えのための仮会場）。

帰りに、美央と新しい古書会館の建築現場に足をのばす。旧会館はむろん跡形もなく、五十メートルほどえぐられた穴があるばかりだ。

二月×日　金曜日　快晴

会場で、西原和海さんにバッタリ会う。満洲個人授業の件を打ち合わせる。西原さん、中公新書の『キメラ――満洲国の肖像』（山室信一／平成五年）一冊を読んでおくように、と。西原さん、会えば、いつも、満洲のことのみ。知ってから十年になるが、いまだ、どうやって食べているのか知らず、不思議な人だ。あれほどの知識と筆力がありながら、満洲については一冊の本もないのは、もっと不思議だ。『キメラ』、心して読もう。

水道橋駅への帰り、今日の売り上げでふところが少しあたたかくなったせいか、ビールを一杯ひっかけたくなり、「豆の木」に寄る。ビールに冷やしトマトで、『虚無思想研究』十七号（平成十三年十二月）の阪本周三追悼号を読む。

阪本周三は、昭和二十八（一九五三）年熊本に生まれ、去年（平成十三年）、阿佐谷のアパートで亡くなっているんだ。脳内出血かあ。享年四十八歳、とある。

「裏道を歩け、未踏の方を歩め、安全地帯ばかり歩くんじゃない」。

大西隆志の阪本を悼む言葉が、ぼくの脳には阪本周三の言葉に聞こえてくる。略年譜を読み返す。阿佐谷のアパート弥生荘一〇二号、で死去。昭和五十六（一九八一）年九月、詩集『朝の手紙』を蒼土舎より刊行、とある。

二月×日　土曜日

朝六時半起床。七時半出発。五反田南部入札市に向かう。

添田知道追悼号（『素面』終刊号）が無造作にしばられた六十五本口の大山に強めの札を入れる。

五反田から一ッ橋・日本教育会館に向かう。「趣味展」撤収後の最大の楽しみ、北上書房さんと、若き周恩来が通ったという「漢陽楼」で飲む。食べる。しゃべる。一人六七八二円なり。美央には話せない。

二月×日　日曜日

『日刊スポーツ』に、池田恒雄さんの死亡記事を発見する。ベースボール・マガジン社の会長、九十歳とある。シブイ注文に何度も励まされた人が、また旅立たれた。合掌。

二月×日　月曜日

朝、六十五本口の大山が、ぼくに落ちているか確認に五反田の南部古書会館へ行く。一度だけカゼ薬を買いに入ったことのある「ツル薬局」に貼り紙がしてある。立ち止まり、見入る。

ご挨拶

永年にわたり御愛顧賜り誠に有難うございました。

私共も体力の限界になり皆様のお心にお応えする事が出来ず閉店する事になりました。

店主啓白

無事落札。六十五本口の荒い仕分けに入る。川村目録に使えそうなものは、痛まないようダンボール箱に入れ、あとは均一とツブシにわけてしばる。結局、しばりで二十本分ツブす。昼、弟一家が母を迎えにやってくる。姪の知未にモーニング娘。の名前を教わる。加護ちゃんと辻ちゃんの名前が交錯していたが、これで、全員の名前と顔が一致するようになった。母、籠の鳥生活を終え、三週間ぶりに外に出る。

二月×日　火曜日

河内紀さん、京都の井上迅くんより着信。

迅くんは、十三日に上京とのこと。すぐに電話を入れ、十九日夜に飲む約束をする。

仕事を終え、「趣味展」で買った『杉並アパート組合規約並名簿』（杉並アパート組合／昭和十五年／非売品）という二十二ページの小冊子をめくる。木山捷平の顔が突然、浮かんできた。木山捷平の『酔いざめ日記』（昭和五十年／講談社）にアパートのことが出ていたはずだ。こうなると、もう、その本を手にしたくなる。昭和七年三月二十九日にこうある。

二ヵ年間住みなれし大久保百人町三五三番地長山の四・五の部屋より阿佐ヶ谷三九二「サクラアパート」に移る。（中略）間代十三円。ガス水道付台所、四・五、三、二の部屋。

再び名簿を開く。

サクラアパート　10　阿佐ヶ谷四丁目三九二　明河ヤス

そっけない一行をしばしながめる。新婚ホヤホヤの木山捷平がいっとき暮らしていたアパートの大家の名前がわかったとして、文学史が書き換えられるわけじゃないけど、やっぱりうれしい。サクラアパートは十部屋あったんだ。その部屋のひとつに、『メクラとチンバ』（昭和六年／天平書院）を自費出版した詩人が住んでいたというわけか。『酔いざめ日記』をめくる。古書目録に載せるなら、「貼込、線引きヒドシ」と書かざるをえない愛読書だが、こうして読んでいると、見落としていた一日が目をひく。

朝風呂にゆきひげをそる。（中略）内務省に佐伯を訪ねる。今日観兵式還幸の鹵簿《ろぼ》に爆弾を投げし男あり。場所は警視庁前の由。内務省大さわぎなり。巡査が号外、新聞を没収しつつ街をあゆめり。犯人李奉昌。

うーん。木山捷平は、李奉昌事件を知っていたのか。いや、待てよ。ぼくが、李奉昌の名を知ったのは、この日記によってだったか。記憶は混濁気味だが、日記はこう続く。

夜、倉橋宅で草野、長田にあい、後二人でダンスホール日米に行き二十分ばかり見物。はじめてなり。

前に読んだ時、ダンスホールという文字ばかりに目がいっていたが、「巡査が号外、新聞を没収しつつ街をあゆめり」の描写に、木山捷平だなぁと感じいる。巡査のアタフタぶりが目に浮かぶ。木山独特のユーモアは、冷徹な観察眼によって生み出されたものか。久々に、『酔いざめ日記』に酔う。

秋山清の名刺

二月×日　水曜日

五反田南部古書会館から、添田知道追悼号が欲しいために買った六十五本の口を店に連れて帰る。川村目録に使うダンボール一箱を残し、あとは全て均一本のシール貼りだ。

五百円均一の中の一冊、大木惇夫詩集『雲と椰子』（昭和二十年）を何気なく取り上げ、奥付を見る。本当に何気なく。一瞬、目を疑ってしまった。印刷者に松岡虎王麿《まつおかとらおうまろ》の名前！　印刷所は三鐘印刷とあるから、あの伝説の書店「南天堂」の松岡虎王麿に間違いない。でも、三鐘印刷の代表は須藤紋一のはずだ。勤め人の一人にすぎない虎王麿の名前がどうして、ここに印字されているんだろう。寺島さんに聞いてみたいところだが、あいにくあの世だ。発行元は北原出版株式会社（北原鉄雄）とある。静かにチェックしておこう。それにしても、敗戦間際の出版物によもや虎王麿の名を見ようとは思わなかった。カバー無し蔵印有りの欠陥本だけど大切な一冊になった。完本はまた探せばいい。

昭和十五年刊の『新案ポケット型　大東京区分地図』（佐藤文彰堂）で歩いてみることにする。三鐘印刷のあったのは、神田区錦町三―十一。一度入ったことのあるソバ屋「満留賀」のあたりだ。今度、市場の帰りに寄ってみよう。念のためもう一度、奥付を確認した。間違いない。印刷者は、松岡虎王麿だ。

添田知道さん、えらいものを連れて来てくれましたネ。「山」買いのささやかな楽しみは、こんなところにある。貼ったばかりの五百円のシールをそっとはがし、『雲と椰子』にパラフィン紙を巻く。

二月×日　木曜日

机の上に古びた名刺が二枚ある。にらみつけたところで、返答なんてありえない。それでも、にらむしかない。

一枚の名刺は秋山清。もう一枚は飯田豊二。

ともにアナキズムに縁の深い人だ。二人を結ぶのが小沢正元。名刺の二人はわかるんだが、小沢正元なる人物が、どうして二人と関わってくるのかがわからないのだ。二枚の名刺を所有していた小沢正元とは何者なのか。どこかでひっかかるのだが、どうしても思い出せない。

昨日の振り市が、ことの始まりだった。南部古書会館に落札した六十五本口を取りに行った。運送を頼んでいる日の出運送さんの到着を待つ間、ヒマつぶしにと振り市に参加した。時間にして十分か。「荷出し」のなないろさんの仕分けを見ていた。なないろさんの目に輝きを一瞬、感じたのだ。目の先にはスクラップブックが一冊あった。何かあるな。日の出運送さんが顔をみせたが、「ちょっと待って」と声をかけ、その一冊が「振り」にかけられるのを待った。待って手に入れた一冊は、古ぼけた名刺帖であった。ろくに見もしないで、そのまま日の出運送さんの元に駆けつけたのであった。

その名刺帖にはさまれていたのが、机の上の二枚の名刺だ。秋山清と飯田豊二。ともに勤め先の「日本鉄道タイムス社」が印字されている。秋山清の肩書きには、「鉄道王編輯部」とある。「日本鉄道タイムス社」も『鉄道王』も、ましてや、秋山清が、そういう会社に勤めていたことなんて初めて知ることだ。アナーキストと鉄道が結びつかない。同姓同名の全くの他人ではないかと考えてもみた。だが、名刺帖をめくるうちに飯田豊二を見つけ、ひょっとしてと思い、もう一度、秋山清の名刺をみると、「市外下落合一三七九」という手書きされた住所があった。あのアナーキストの秋山清に間違いないと確信した。

秋山清は、いつ「日本鉄道タイムス社」に勤めていたんだろう。この名刺を、いつ小沢正元なる人物に手渡したのか。小沢正元は、どうして、二枚の名刺を持ち続けていたんだろう。

『近代日本社会運動史人物大事典』の秋山清の項にあたるが、この項の筆者・寺島珠雄をもってしても『鉄道王』時代のことは出ていない。博覧強記の寺島さんのことだ、知っていて、なお削ったのか。疑問の嵐が駆けめぐる。

名刺帖に戻ってみた。そうそうたる顔ぶれが並んでいる。気になる人をあげてみる。

——饒平名智太郎（世界社）、安成二郎、吉田謙吉（1931・4と添え書きあり）、高松棟一郎（帝国大学新聞社）、高津正道（1931・5）、津田青楓、土橋慶三、佐野碩、下村千秋、鈴木厚、茂森唯士、佐々木能理男（映画現実）、島村龍三（カジノ・フォリー文芸部）、大間知篤三、岡本唐貴、難波孝夫（マルクス書房）、新島繁、西村真琴、楢崎勤（「新潮」記者）、三林亮太郎（新築地劇団美術部）、喜多壮一郎、衣笠貞之助（1931年4月24日、「黎明以前」の試写会批判会ありと添え書き）、窪川鶴次郎、熊沢復六、（新築地劇団文芸部）、久保栄、勝承夫（報知新聞社会部）、岩田道子（ファーニス書店）、板垣鷹穂、飯島正、猪野省三（戦旗社）、大宅壮一、羽根田武夫（やまと新聞社写真部）、細迫兼光、林芙美子、深沢省三、古垣鉄郎、千葉亀雄、阿部金剛、熱田優子（女人芸術社）、阿部真之助、山口辨（月刊近代的忌屈読本『猟奇』）。

何枚かの名刺に、会ったと思われる日付が書き込まれている。そこから判断すると、この名刺帖は昭和五（一九三〇）、六年のものと思われる。なかに一枚、葉書がはさまれている。昭和七年で、鈴木氏亨からの年賀状だ。宛先は、もちろん小沢正元。住所は、池上町とある。名刺にも、小沢正元様と書かれているものが何枚かあり、旧蔵者は小沢正元と考えて間違いない。

しかし、この小沢正元とは、どこかでスレ違った記憶があるんだが。

村上知行、の名前が浮かんでくる。机の横の棚から、ボロボロの目録を引っ張り出すことにした。『月の輪書林古書目録8　私家版・安田武』だ。平成六年に出したヤツだ。もう八年になるのか。いや、感傷にひたるわけにはいかない。小沢正元だ。しかし、うちの目録は、こうして探しものをしてみると、読むには面白いと自負できるが、探したい本を見つけるとなると、迷路に入ったようになるのだ。作った本人がこうなのだから、お客さんはなお大変だろう。

一八四九　村上知行（在北京）封書45通（小沢正元宛）　戦前　三十万

そうなんだ、小沢正元には八年前に出会っていたのだ。

これを手に入れたのは、中央市の大市会だった。古本屋になって三年目、見るもの全てが輝いて見えた時代だった。買った金額は覚えていないが、この封書が置かれていた場所は、今でも思い出せる。村上知行のことをろくに知りもせずに、よく買ったものだ。村上知行の何に賭けたんだろう。小沢宛の封書から、こんなところを抜粋していたんだ。

村上自身による履歴書がある。「小学校に二ヶ年間通ひしのみ、学歴全然なし」「雑貨行商人となり、山口県下の炭鉱地をめぐり歩く」「女優木下八百子に拾はれ、作者兼舞台監督となる」……。そして、これは、ぼくの書き込んだ注だが、「小沢正元の仲介で読売新聞嘱託北京特派員となる」とある。なるほど。

○「尾崎秀美氏はたっしゃですか？　尾崎氏と一緒に北平でとった写真が、ひき出しにあって、しょっちゅう目に触れます。（中略）イプセンの幽霊のオスワルドは言ひました。太陽を！　太陽を！　と。だが太陽よりも自由に舌の叩ける時を、切なきまでの思ひであこ

がれます」（昭和11年4月25日）

○「中国は嵐です。いきなり張学良のクーデター（西安事件）です。（中略）中国の少くとも半分が真赤に染まって行きさうです。中国一般民衆の肺腑に徹してゐる「抗日」情緒をハッキリ摑んだもののみが、最後の勝利を博すでせう。と同時に東洋は到底暫く平和を望めないと思ひます」（昭和11年12月15日）

村上知行が思いを送り続けた小沢正元とは何者か。サイコロは振り出しに戻った。疑問は疑問のままだ。でも、いつか市場できっと会える。そんな気がする。

二月×日　金曜日

放課後、つまり一日の仕事を終えた後のこと。西原和海さんからの課題、山室信一の『キメラ』を初めてひらく。新書とはいえ、三百三十ページの大著だ。あいさつ代わりに、巻末の参考文献に目を通す。うーん、まいった。あいさつどころか、こちらの無力さを思い知らされる。この文献のうち、ぼくはいくつ扱ったことがあるだろう。無言の書目が恫喝している。「満洲を甘くみるなよ」と。

今日は、「あとがき」だけ。著者が満洲研究を志すきっかけをつくった一冊の本との出会いの話が興味をひく。『笠木良明遺芳録』（刊行会／昭和三十五年／非売品）。笠木良明、どこかで見たぞ。山室信一、見覚えがあると思ったら、我が店の顧客リストに、その名があった。これからは、さんづけで呼ぶことにする。

山室さん、よろしくおねがいします。

美央が買ってきた『古本屋おやじ』（平成十四年／ちくま文庫）を読む。著者は中山信如さん、すでに『古本屋「シネブック」漫歩』（平成十一年／ワイズ出版）という痛快な著書をもつ稲垣書店さん。残念だが、昨年秋から、病気により休業中。中山さん、本もいいけど一日も早い市場復帰を祈っていますよ。本の質問をできる数少ない〝兄貴〟と、ぼくは思っているんですから。こんな質問、中山さん以外の誰が、真摯に答えてくれるだろうか。

『これ以上は禁止——ある検閲係長の手記』（立花高四郎／昭和七年／先進社）の外装について。カバー有りで完本なのか、それとも函付が正しいのですか。

『私の青春・映画狂雑記・その①戦中編』（川野孝右／平成七年／限定非売私家版）。六百三十三ページもある大著、一とあるから二も出ているのでしょうか。

『かえるの子は蛙——風雪六〇年カツドウ屋自伝』（小林養道／昭和四十一年）。ぼくの持っているのは裸本で、カンでこれは完本だと思いますけど、帯、見たことありますか。

もう一つあります。

『海千山千一夜　おとこ放談』（南部僑一郎／昭和三十年／あまとりあ社）。よく見かける新書、ぼくのところに四冊在庫があるんですが、全部、帯がないんです。これで完本なのですか。帯がどうしてもあるように思えて仕方ないんですが、帯付を扱ったこと、ありますか。

二月×日　土曜日
朝十時の南部古書会館での班長会議から帰って一服。集金旅行に出かけることにする。蒲田班八店からの支部費半年分三千円徴収、これが班長の務めなり。快晴の空のもと、自転車を走らす。店に帰ると、西原和海さんからFAX有りで、個人授業は二十五日か二十六日に決定。近く開かれる「五反田遊古会」の目録を書くことにした。最初に置く本、いわばトップ・バッターは、これで決まり。きわめて今日的な本である。

一　失業問題と景気恢復　　初函並　　土田杏村　昭5　二、五〇〇

二月×日　日曜日
チャブ台をはさんで美央と二人、池上の新刊書店「よむよむ」で買ってきたばかりの文庫本を読みふける。美央は、南伸坊さんの『対岸の家事――シンボー主婦やってみた』（平成十三年／新潮OH!文庫）で、ぼくはといえば『本屋はサイコー!』（安藤哲也／平成十三年／新潮OH!文庫）。

本屋という仕事も、日ごろは地を這うような地道な作業の繰り返しだが、書物を扱っていると、不思議な精神の拡張感がある。

という、鳥取・定有堂書店の奈良敏行店長の言葉にうなずく。小雨のやまない日曜が暮れてい

く。

二月×日　月曜日

中央市大市会の下見入札。

JR御茶ノ水駅から帰る。店でさっそく復習する。いや、入札本番は明日だから、ここは予習が正しいか。財布から、今日一番気になった本のメモを取り出す。

『労農ロシア農民文学集　強い女（他七篇）』（井田孝平訳／昭和四年／協同出版組合）

この一冊は、よく勉強をしたねと肩を叩きたくなるような疲れ切った一本口の中にあった。手に取り見た瞬間、誰が見ているというわけでもないのに、ぼくは、あわてて、その一本口の真ん中に戻し、解いたヒモをギューッときつく縛りなおしていたのだった。ヒモをほどけば、誰もが自由に見えるのに、だ。何も見なかったかのように平静に立ち上がったつもりだが、興奮が足にまで伝わり、つい横の三本口の本の山を崩してしまった。

そんなことを思い出しながら、『近代日本社会運動史人物大事典』の「竹中英太郎」の項を開く。『強い女』は英太郎の装幀本だ。怪奇挿絵画家・竹中英太郎。英太郎の装幀本は、今までいろいろ見てきたつもりだが、あれは見たことのない一冊だった。鮮やかな赤色がチカチカ頭に点滅するだけで、絵柄がうまく思い出せない。「強い女」と描かれた文字は間違いなく英太郎のものだ。いくつの時の作品であったか。英太郎は明治三十九（一九〇六）年十二月十八日生まれ、とあるから満二十二歳。『百怪、我ガ腸ニ入ル』（竹中英太郎作品譜／平成二年／三一書房）が手元になくて、この時期の詳しい年譜にあたれないのが残念だ。

久々に『名作挿画全集四　竹中英太郎他』（昭和十年／平凡社）を、函から取り出す。本体ではなく、付録の小冊子「さしゑ」を開く。三十二ページもあるのだ。二十八歳の英太郎の言葉が、四十三歳のぼくの心をゆさぶる。


生まれた環境からいへば、せめて手先の器用さにものを言はせて掏摸の達人位になってゐただらう私。第一の野望に蹉跌しなかったならば今頃は獄窓の鬼と化してゐただらう私。それが、画伯先生様と出世した。好運といへばいへる。悪運といへばさうもいへる。

その幸運の波にのって、私自身のほんとうの気持はどうであったか。

苦々しい焦燥と懊悩に悶々とすることがあった。人知れず夜半、転々とすることがあった。これでよいのか！　いつまでもこんなエロやグロの絵を描いてゐてよいのか。これで私は一生を満足して死ねるのか！

些かの収入によるプチブル生活の甘さに馴れて、勉強の心も、反省も自己省察も、自分の真実の目的さへも忘れ果てたやうになって、その殻の中に抜き差しもならなくならうとしてゐる自分。きんたまをブラ下げた奴がいつまでこんな仕事をしてゐやうといふのだ――。

生活の為の手段が、まるで全生活のやうになって挿画家生活十年近く、覇気も野望も失って、私がいま自分自身にみたものは、まさにインテリ・ルムペンのしやうもない懊悶の姿ではないか――。

冷いものを時折、慄然として私は感じる。さりとて、途を何れに求めたらよいのか？　私はいろんな意味で疲れた。

そして、昭和十一年、二・二六事件関連の検挙から釈放された竹中英太郎は満洲に渡った。英太郎は満洲で何を見たのだろう。忘れていた人物が、またゆっくり脳の片隅に舞い降りてくる。よし、明日、あの疲れた一本口に過剰な札を入れよう。

二月×日　火曜日

勝った。

入札終了後、サッポロ堂さんご夫妻と神保町の焼鳥屋「八羽」へ。石神井さん合流する。大いに飲む。この一年、探し続けて、ようやく手に入れた『藤井滋司を憶う』（天野忠編／昭和四十六年／藤井麟太郎刊）。この一冊を今日の最大の戦果だと、三人を相手に気炎をあげたところまでは覚えているのだが、あとは家にどうやって帰ったのかまったく覚えていない。

……。

二月×日　水曜日

『藤井滋司を憶う』をひたすら憶って、池上駅、蒲田駅、御茶ノ水駅と尋ねまわるが、淡い期待は砕かれ、とうとうJR御茶ノ水駅前の交番で捜索願を出す。『藤井滋司を憶う』を、昨夜の泥酔で紛失してしまったのだ。
店に帰ってきても憶うのは、『藤井滋司を憶う』のことばかり。以前、「五反田遊古会」展に出品したが売れ残り、放置したままの藤井滋司旧蔵資料を引っ張り出した。手に入れたのはちょうど一年前の「明治古典会」だった。映画監督・山中貞雄一周忌紀念集合写真一枚にひかれての入札だった。落札したのはいいが、藤井滋司を知らないぼくに、『藤井滋司を憶う』という本の存在を教えてくれたのが、中山さん(稲垣書店)だった。それを知り、落札品がその追悼集を作るための生資料ではないだろうかと思ったりしたっけ。そうそう、中山さん、うちには今、在庫はないけど京橋の(東京国立近代美術館)フィルムセンターに行けば閲覧できると教えてくれたんだ。でも、ぼくは結局行かずに、即売会目録にこの旧蔵資料を並べたんだ。

八九「鳴滝組」シナリオライター藤井滋司旧蔵資料　十万
●藤井滋司(明41~昭45)は山中貞雄「抱寝の長脇差」の脚本家。
①山中貞雄一周忌紀念集合写真(自筆裏書有)　昭14　14×21㎝
　小津安二郎清水宏井上金太郎三村伸太郎他44人。9月17日夜
②『幕末兵制改革史』(絲屋寿雄)出版記念写真　昭14　12×16㎝
③三村伸太郎(25×30㎝)他生写真　戦前　6枚
④伊丹万作封書(藤井滋司宛)　墨書!　昭17　封筒のみ
⑤水の江滝子(サイン入)他女優ブロマイド　戦前　8枚

⑥千恵蔵バンツマ大河内伝次郎スチール写真　戦後　6枚
⑦戦国群盗伝★第二部（撮影台本）　孔版和綴　昭12　一冊
　PCL・前進座提携作品。三好十郎原作。山中貞雄脚色。
⑧彌太五郎翼（日活京都作品）梗概&場割表　昭11　2冊
　長谷川伸原作。八尋諒脚色。尾崎純監督。深水藤子主演。
⑨〃　尾崎純監督自筆「カット割」（絵入）　昭11　22枚
⑩寄書（溝口健二天野忠北川桃雄村田孝太郎）　昭16　和紙一枚
　村田孝太郎には第12回芥川賞候補作「鶏」（昭15）がある。
⑪藤井滋司草稿「山中貞雄回想」400×5枚　戦後　未完
⑫富士正晴ハガキ（藤井麟太郎宛）墨書7行　昭46　一枚
⑬宮口精二ハガキ（〃）ペン書9行　昭46　一枚
⑭稲垣浩封書（〃）　ペン書便箋4枚　昭46　一通

旧蔵資料の中から山中貞雄一周忌の写真に目をこらす。昭和十四年九月十七日とある。小津安二郎、清水宏、稲垣浩、三村伸太郎といったそうそうたるメンバー、そこには山中貞雄が恋したという可憐な深水藤子の姿や、不敵な面構えの若き加藤泰、二十三歳もいる。だが、この四十四人のうち、肝心な藤井滋司がどこにいるのか、さっぱりわからない。

悄然と帰宅して早々に寝床にもぐりこむと、枕元になくしたはずの藤井滋司がいる。なにごともなかったようにだ。

二月×日　木曜日

午前六時起床。午前十一時、『藤井滋司を憶う』を店にて読了。藤井滋司の顔写真をながめる。こういう文に弱い。

藤井を亡くしまして早、一年余の歳月が隔たり、何か供養をしたく又、生前病に倒れましてからの音信不通のお詫びも兼ねました回想の小冊子を作りたく天野　忠、衣笠貞之助両氏を初め御友人方に御相談申し上げました所、快よい御承諾を得、このように立派な追悼本を編んで頂くことが出来ました。

お暇の折、手に取って頂ければ幸せに存じます。

昭和四十六年七月

藤井　あさ

　　　鱗太郎

稲垣浩が「藤井君と私のこと」。依田義賢が「独座の人」。富士正晴が「営業部長藤井滋司のこと」。天野忠は「旧友来訪」を、衣笠貞之助は「藤井滋司君の思い出」を。富士は、戦後まもない頃、編集部員として勤めた京都の出版社「圭文社」と、その営業部長としての藤井の姿をあぶり出し、中学時代からの詩友・天野忠は、晩年の姿をこう描いている。

（前略）美容院の奥に狭いながら書斎が出来た。その書斎に向う廊下の突当りに、堆高く山ほども新聞紙が積上げられて、それが皆黄色く変色し埃りまみれとなって、場所ふさぎになっていた。

「家の者も掃除に困るさかい、売ってしまえいいよるんやけど、その気にどうしてもなれん。」何故と聞くと「……今度何か書くときの資料に要るかもしれんしねえ……」とFは一寸面羞ゆそうにそう云った。

二十数年のブランク、読書からも、勿論、物を書く仕事からも遠ざけられて、ただひっそりと受身の病養生活にだけ浸りきっていたFにも、まだ映画や文学の虫が、心の底でひそんでいたのである。

藤井滋司の六十一年の生涯を一気に読む。この本には収録されていないが、京都市立第一商業学校の同級生であり、映画づくりの同志・山中貞雄を悼む言葉がある。ぼくなりの藤井滋司に対する追悼をこめて耳を傾けたい。

生まれながらにして彼（山中貞雄　引用者注）は「映画の虫」であったのであろう。僕にとっては恐れ多い話だが靖国神社に祀られる神様の山中貞雄よりも虫である山中貞雄にはかり知れぬ愛着を感じる。兵隊として死んだ山中貞雄を思い出すにしても、虫の如く忠実に頑敵に向って飛び出して行ったと言う人間的な彼を愛せずに居られない。山中貞雄はぼくの胸の中ではどうしても神様ではあり得ません。

昭和十三年の十二月号、『映画朝日』に寄せた文章だ。

二月×日　金曜日

朝、国立がんセンターに。最悪の事態を覚悟しながら、母に同行する。結果良好、とのこと。美央と二人、築地から銀座を抜けＪＲで帰る。母は、地下鉄で東高円寺の弟宅へ。何はともあれホッとした。

昼過ぎから、先日の中央市大市会での落札品の整理にとりかかる。昨日届いていたものだ。出品者が、これは東大農学部の先生の退官による書庫放出品と教えてくれた一口もの。もちろん、買えたのはほんの一部だ。本業のスジ、農業経済の山は専門の方にまかせ、ぼくは、農民小説、とくに満洲の開拓にからんだ小説に焦点をしぼって、「山」を買ったのだ。

この「山」買い、ヘンチクリンな、よくわからないものがひょっこり姿を現す。そこが、また面白いのだ。

黙々と整理を続ける。山が次第に崩れてくる。

こんな一冊が顔を出した。『大地の呻吟』（津田光造／大正十年／大同館書店）。津田光造、三十一歳の時の初期の長編小説だ。実は、下見入札の段階で気になっていた。この津田光造という人物、辻潤の妹の旦那だという、おぼろげな知識だけがあった。もし、買えたら辻潤関連で売ってみたいと思った。下見の夜、事典にあたったが、事実は確認できなかった。それでも欲しかったものだった。こうした生半可な知識だけで突っ走るとよく失敗するのだ。いやな予感が走る。ともかく、序文だ。

大正九年綠り滴る頃、湘南の里に於て、妻亡き孤獨の寂寥の中から

とある。妻亡き、とは。ぼくの聞きかじりが、もし正しければ、つまり、辻潤の妹はすでに死んでいることになる。出鼻からくじかれた感じだ。『辻潤著作集別巻　年譜』（昭和四十五年／オリオン出版社）に、手が伸びていた。

明治29年（一八九六年）　十三歳
妹恒（のち評論家津田光造夫人）、生まれる。
大正6年（一九一七年）　三十四歳
大阪の岩崎鼎方に寄寓。岩崎の紹介で、大阪の奇人易者岡田播陽、真宗坊主の高田集蔵らと知合う。大阪から東京市外上落合の妹の恒の家（津田光造方）に移り、居候しながら、そこでスチルネルを訳了。またオスカア・ワイルドの「ドリアン

グレイ」、ホフマンの「セラピョン兄弟」、ジョウヂ・ムウア「一青年の告白」などを訳したが出版にいたらず。気なぐさめに酒を呑み、つれずれがなるままに尺八を吹く日がつづいた。

ここにあったのか。簡単にわかって拍子抜けする。だが、この年譜には、妹・恒の死は記載されていない。亡くなったのはいつだろう。大正七年か、八年か、それとも九年か。仮に大正八年とすると、恒は、わずかに二十三歳。恒は、どんな縁で津田光造と結ばれたのだろう。恒は、兄の辻潤をどんなふうに見ていたんだろう。ぼくは立ち止まってしまった。そして、辻潤の著作集を走り読みする。妹の死について何か書かれてはいないだろうか、と。気がせいて見つけられない。

もう一度、年譜に返り、津田光造を探すことにする。昭和七年六月に「辻潤後援会」があり、谷崎潤一郎、佐藤春夫、北原白秋ら世話人の中に、その名がある。津田光造は、この時まで辻潤と親交があったのか。それでは、いつ死んだのか。『日本近代文学大事典』、『近代日本社会運動史人物大事典』とも、生誕年・一八八九年十二月二日、との記述はあるが、没年は「?」となっている。『日本近代文学大事典』には、津田の著作『皇道自治精義《ひもろぎいはさかのみちびき》』（昭和十五年／青年書房）があげられている。ということは、昭和十五年まで生きていたんだ。敗戦を無事に迎えることは出来たのだろうか。辻潤の昭和十九年十一月二十四日の餓死を、聞くことは出来たのだろうか。

妹の恒のことがどうも気になる。

とうとう、『評伝辻潤』（玉川信明／昭和四十六年／三一書房）を開くことにした。いきなりガツンだ。でだしは、こうだ。

六次郎・美津夫婦には、更にその後二人の子供が得られた。潤を頭に、八つ違いの弟義郎、つづいて十三違いの妹、恒《つね》である。

義郎さんと恒さんのお二人は今も健在で――（後略）

イヤな感じがしたのはこのことだった。ページを追っていくと、こうある。

妹の恒さんにはまだお会いしたことはないが、一度声だけは聞いたことがある。（中略）恒さんの方は、野枝が『乞食の名誉』でいっているように、いくらか勝気なところがあって、庶民的な中にも知的なものを秘めた女性のようにみてとれた。

著者、玉川信明のあとがきの日付が昭和四十五年九月五日であることから、恒はこの時、七十四歳。早逝どころか長生きではないか。元に戻ってみる。津田光造が、「妻亡き孤獨の」とわざわざ記したあの序文はフィクションだったのか。その意図するものはなんであったのだろう。

執筆者・富田武夫

二月×日　土曜日

淡島寒月忌。府中の山口昌男先生宅に。参会者は、学長に坪ちゃんに石神井さん、それに岡本慶一さんと学長の奥さんの房子さん。紀伊國屋書店のビデオ評伝シリーズ「学問と情熱」の森銑三を観賞する。森銑三の学問に打ち込む静かな気迫に圧倒される。

森銑三の著作に高い本はない。今後も高くなることはないだろう。うちも三十冊ほど在庫を抱えたままだ。時折、その棚を見て「均一」にしてしまおうかとよからぬ思いを持つこともある。実際、お金に困って森銑三を何回か手につかんだこともある。でも、今日の評伝ビデオを観ながら、思いとどまってきてよかったと心底思った。「学者」という名にふさわしい男の本を安く売ってはいけない。

二月×日　日曜日

ポカポカ陽気の中を美央と京王線で高幡不動へ。お参りではなく本の査定だ。美央の知人のおじいさんのお家は、林立する団地の一角にあった。どこか懐かしいと思ったのは、小学校の時にいた鉱山町の社宅に似ていたからか。団地のすぐ前にある小学校は、この春には廃校になるという。高齢者だけが、住むようになったのだろうか。

おじいさんの入院による本の整理だ。日に焼けた畳の上に、本がきちんと積み上げられている。真面目な人だったらしく、固い全集が目につく。『田中正造全集』、『中江兆民全集』、『プラトン全集』などなど。全集の価格暴落を、市場で目のあたりにしているだけに、ちょっとキツイかなと思う。

美央は知人ご夫妻と昔話に花を咲かせている。その声がフッと消え、一冊の本が目に飛び込んできた。三角寛の『サンカ社会の研究』。この一冊で、この話を引き受けることにする。エレベーターのない三階からの積み降ろし作業に耐えられる一冊を見つけることが出来たからだ。値段ではなくて、扱ってみたいと思える一冊があれば、幸せに思えるのが古本屋だもの。

二月×日　月曜日

「五反田遊古会」の目録締切日。原稿、間に合わず、お詫びをかねて南部古書会館に駆けつけた。なないろさんと、昼食に中華料理店「梅林」へ。いつものように、ビールだ。ぼくらの肴は、これ又いつものように、世の中の何の役にも立ちそうもない話となっていた。

山下汽船社長・山下亀三郎の息子は『室内』（昭和十三年／沙羅書店）の著者・山下三郎だけではなかった。あの、海太郎、潾二郎、四郎の長谷川三兄弟じゃあないけど、山下三郎の下に弟がいて、その著作を、今日、五反田の振り市場でなないろさんが見つけた、という。ぼくはといえば、松岡虎王麿の名前を、大木惇夫の詩集に見つけた話をする。ビールの追加注文が増えてくる。

店に帰って、届いたばかりの『彷書月刊』三月号を開く。河内紀さんの一文「鐵村大二と「生活社」」を読んでいるうちに、一冊の本を思い浮かべた。中谷宇吉郎の『春艸雑記』（昭和二十二年／生活社）。あとがきのことだ。そこで、中谷宇吉郎は、鐵村大二を悼む一文を書いている。そっけないあとがきが多い中にあって、妙に熱い文章だった。そのことが、頭にひっかかっていたのだ。鐵村大二の「防空壕の中で読む本」として、昭和二十年六月十五日に創刊された「日本叢書」の制作現場の描写が、実にいいのだ。

本書は生活社の故鐵村大二君の熱心な希望によつて同社から出すことにしたものである。昨年の早春、東京の大半が戰災によつて燒けてゐた頃、鐵村君はさういふ非常時に於ける出版者の責務について深く考へるところがあつたやうである。東京中の大半の出版者は茫然として爲すところが無かつた。鐵村君はその際に「防空壕の中で讀む本」を世に送りたい、それには粗末な紙の小型本でよいから内容の出來るだけ高いものが欲しいといふことを言つてゐた。それで始めたのが『日本叢書』であつた。

社が燒けて狭いところに假事務所を作つてゐたが、其處で『日本叢書』を出し始めてゐた頃の鐵村君のやり方は、私には非常に興味があつた。その頃の『日本叢書』は新聞全紙裏表に刷つて十六枚に折つたものであつた。社の人が燒け殘りの小さい印刷屋を探して、其處でひどい場合には手刷りで刷つてもらつたさうである。その印刷屋に社の人が持つてゐて、リヤカー一杯出來上ると、それを曳いて來る。假事務所には板に脚をつけただけの白木の大きい机が眞中に置いてあつて、鐵村君初め全社員が、竹篦でそれをどんどん折つて、折れ上つた分から窓の外の椽臺に積み上げてゐた。そこへ戰災者らしい人だの學生だのがつめかけて來て、次ぎ次ぎと買つて行つた。竹箆も各人自分で削つて作つたものだといふことであつた。

此の『日本叢書』のやり方を、私は褒めた。さうしたら鐵村君は、實はかういふやり方と並行に、ちやんとした綺麗な本を作ることを考へてゐると言つた。そして私の随筆集を求めた。『もうすぐさういふ時期が來ます』といふことであつた。此の言葉の意味は今でも不明である。鐵村君はこの七月にむつかしい病氣で亡くなつてしまつた。終戰を豫想し、其の後の出版界の荒んだ混亂狀態を考へ、漸く落付いて樂しめるやうな綺麗な本が欲しいやうになつた現在の狀勢まで見透したわけではないであらう。しかしひよつとしたら、それくらゐのことは考へてゐたのかもしれない。

故人との約束がやつと果されて、此の書を今世に送り出すに際して、一言つけ加へておく。

（昭和二十一年九月　追記）

二月×日　火曜日

午後二時から始まり、そのまま夜の九時まで続いた。疲れはない。西原和海さんの満洲個人授業だ。一言一句聞き逃さないようメモを取る。こんな具合だ。

『満洲の年中行事』という、わずか三十ページの小冊子がある。満鉄鉄道総局が昭和十四年に出したもの。この本が、西原さんの手にかかると、こうなるのである。

「三木卓、知ってる?」と、西原さん。

「ええ、あの詩人の」

「この本、三木卓の親父の本なんだ」

「……」

奥付を見る。どこにも、それらしき記載はない。西原さんが、ニッコリして指さしたところに小さく「執筆者富田武夫」とある。

「三木卓の親父でね。三木卓の本名は……。『学校詩集』、知ってるでしょ、そこに参加していた詩人でもあるんだ」

西原さんに魔法をかけられたように、ついさっきまで何の変哲もなかった小冊子がキラキラ輝いて見えるから不思議だ。まだキョトンとしているぼくに、西原さんは満洲刊行の小冊子の見方を教示する。奥付をながめるだけでは大切な執筆者の名前を見落としてしまう。だから、まえがきとあとがきはバカがつくほど丁寧に読むように、と。西原さんは、この方法で歌手の東海林太郎が満鉄時代に書いた調査報告書を発見したという。ナツメロ番組だったか、直立不動で歌っていた姿をかすかに覚えているが、あの東海林太郎に、そんな時代があったのかと驚いた。

そういうふうに、贅沢な時が通り過ぎていく。

西原さんが帰った後、『日本近代文学大事典』にあたる。三木卓の項だ。本名・富田三樹、とあり、「昭和一二年、満洲に移住、大連に住む。一七年、大連市立伏見小学校に入学。翌年、奉天に移転、北陵在満国民学校に転校。二〇年、新京に移転、八島在満国民学校に転校。八月、ソ連軍進攻はじまる。敗戦。二一年、父死亡」とある。年譜を追っていくと、「三九年一二月、父森竹夫の遺稿詩集『保護職工』（風媒社）を編集刊行」とある。

二月×日　水曜日

朝八時、運送の平野さんと店を出る。先日、おじゃました高幡不動のおじいさん宅へ本を引き取りに行く。目算よりも量が多く、三階からの往復に平野さんともどもフラフラだ。二トントラックが軽く一杯になった。

午後二時半、五反田の南部古書会館に着く。おそい昼食の後、六時半まで荷の整理だ。水ムレや書き込みのひどいものは、どんどんツブしていく。新書の「皮ムキ」、つまり、新刊屋さんのカバーをはがすことだが、この作業に手間どる。来週、もう一度ここに来ることにした。店に帰って、十時まで、中央市大市での落札品の整理の続きをやる。

二月×日　木曜日

小雨。本の運び出しが今日でなくてほんとうによかった。でも、体のふしぶしが痛い。のばしのばしにしていた「五反田遊古会」の目録書きだ。締め切りを破って四日か。お詫びに、と川村目録用に大切にとっておいた二点を出すことにした。で、お詫び、といっても、誰にだろう。まあいいか。ものは、孔版（ガリ版）刷のなんともいえない味わいもさることながら、戦時下とは思えないユーモアにあふれた編集者のセンスが光る小冊子。解説にもっと行数をと思ったが、ページ数の関係で削る。今回、売れ残ったら、川村目録で思う存分、長い解説を書こう。

「遊古会」用はこうだ。

芋ン隊　1～11号揃&号外　主婦之友社員同志　昭18　孔版十万

統後の東京はかくも生きいきと呼吸してゐる！東京案内／納涼爆笑大会／出征者及応徴者名簿（主婦之友社員）／まんが＊国策ばあさん（岩瀬茂）／社中日誌／前線へ送る味覚の秋座談会／秋の広告部錬成行（小野洸）／新春奇譚笑譚集／詩＊此の糧（尾崎喜八）／当世衣食特集／戦争と髪（長谷川健三）ほか

主婦之友通信　1～11号揃　昭19　孔版五万

応召応徴社員の消息／社内消息／慰問の頁（帝都寸景／小川町妖怪譚／省線電車風景／寮舎の今昔／前略御免苦駄洒落度）他

ちょうど書き上げたところに、中山美波さんよりTELあり。入院中の中山信行さん（稲垣書店）、病院から自宅に戻り、目下、歩行練習中とのこと。長い入院生活で足の筋肉がやせ細って、まだうまく歩けないらしい。とにかく、退院の吉報にホッとする。

中山さんに、「月末で公共料金、家賃、生命保険、それに市場への支払いで残金十九万となってしまいました。でも、吉報を聞き何かさわやかな気持ちです」と、近況報告を書く。

三月×日　金曜日

大瀧重直をつかまえた。『島木健作全集』月報に書かれた一文がとても印象に残る、その大瀧重直のしっぽのそのまた先のしっぽをつかまえた。『翼賛する村』（本間喜三治／昭和十六年／満洲開拓社）の奥付ページの裏側に、大瀧重直の『劉家の人々』の広告を見つけたのだ。しかも五行も解説がある。想っていれば、こうして出会えるんだ。現物まで、いまは手が届かなくても、本当にうれしい。この本が、大瀧重直、三十歳、処女出版の広告か。

秋田の農村に開墾の鍬をとる傍、創作の筆を執る筆者が、再三滿洲を訪れて原住民農家に起居した體驗から生れた眞摯な大陸小說、嘗って我文壇で鍬を入れぬ原地（原住民の住む土地）側から書いた問題作!! いま內地から多數の開拓民、義勇軍を大陸に送る時、原住農民の生活に觸れその感情の流動を描いたこの作の價値は大きい!!

三月×日　土曜日

頭が痛い。

まくら元に、『風の使者・ゼノ神父』（石飛仁／昭和五十七年／講談社）がころがっている。神保町の長島書店の均一本コーナーで、四百五十円で買ったものだ。昨夜のことが思い出されてくる。そう、神田錦町の「みますや」から始まり、「八羽」に流れ、新宿に繰り出したんだ。「ふらて」

で、なぜか、甲斐バンドの甲斐よしひろさんが隣に座っていたことは、おぼろげに覚えている。ぼくの目の前には坪ちゃんが座っていて、その坪ちゃんにタクシーに乗せてもらったんだ。歩きながら吐いていた。あれは、新宿か、タクシーを降りての池上だったか。ゴールデン街へ入る、あの狭い路地であったか。

『小説新潮』編集長の江木さんが一緒にいたのを、いま、思い出した。昔の、といっても、昭和三十年代の『小説新潮』が、いかに素晴らしい雑誌であったかを力説していたんだ。木山捷平がいて川崎長太郎がいて……。そうか、「八羽」を出た時、すでに酔っていたんだな。坪ちゃんと江木さんの大切な会合をぶちこわしはしなかっただろうか。不安は不安を呼ぶ。昨日もまた、坪ちゃんに甘えたのだろう。申し訳ないと思いながら、この始末だ。

仕事にならず、美央と京浜蒲田界隈の散策に出かけることにした。

帰りに、JR蒲田駅ビルの「くまざわ書店」に寄る。ここは〝固い本〟が多く、好きな新刊屋さんだ。店内を歩いていると、三木卓に会った。『わが青春の詩人たち』(平成十四年/岩波書店)。すこしページを開く。書評誌の編集部に勤め始めたばかりの、若き三木卓に水をさし、「こんなところをうろうろしていないで、さっさと田舎へ帰れ。ろくでもない」と怒る木山捷平の描写に、あの苦りきった顔を思い出し、思わず笑っていた。どうやら、木山捷平は、昔の友人の息子がジャーナリズムの片隅に満足している様にがまんならなかったのだろう。普通なら、「よかったな、がんばれよ」と、軽くやりすごすところを本気で怒る木山捷平が好きだ。本当に、三木卓を心配したから毒づいたんだろう。

蒲田駅からちょっと歩いたところのラーメン屋「くう快」で夕食。ぼくらは、ここのラーメンのファンだ。満足度満点で二千円。ラーメンもうまいけど、ビールはもっとうまい。

三月×日　日曜日

美央とレンタルビデオ店で借りてきた青山真治監督「ユリイカ」(平成十二年)を観る。青山真治の才能にたじろぐ。

そういえば、家に青山真治監督の「路地へ　中上健次の残したフィルム」(平成十三年)がある。スローラーナーの越川道夫さんから送っていただいたビデオで、「持出禁止」のラベルが貼り込まれている貴重な一本だ。手を伸ばせば、すぐにでも観ることが出来るのだが、心して観なければいけない一本のような気がして飾ったまま、一カ月が過ぎている。今日は、その日かもしれない。美央も、観ようという。「路地へ」のパンフレットを初めて開く。こうあった。

小説家、中上健次。

1992年、46歳で亡くなるまで、
自分の生まれ故郷である
和歌山県新宮市の〝路地〟を見つめ、
その〝声〟に耳を傾けた。

被差別部落と呼ばれなければならなかった場所。

それは、愛しい場所であり、さまざまな葛藤のもとであり、読み尽くすことの出来ない一冊の本のようでもあった。
彼は、そこで生まれ、〝路地〟を舞台に幾つもの小説を書いた。
そして〝路地〟が消滅する寸前、その場所にみずからカメラをむけた。

この映画は、中上健次の残したフィルムと失われた路地を、そして、
中上健次の姿を求めて彷徨う
ひとりの若い映像作家の〝旅〟の映画である。

今日は、やっぱり「ユリイカ」の日曜日にしておくことにした。

三月×日　月曜日

朝、店に行くと西原さんからFAX有り。
「お便り、ありがとうございます。あの日、小生、地図から話を始めたく考えてましたので、月

の輪さんが、ちゃんと地図を用意してくれてまして、これは以心伝心だったわけです。満洲を視覚的に理解するのには、鳥瞰図も大変に有益です。きのう高円寺の展覧会で、大小の地図五点入手しました！

あのあと、『目録』先号を改めて見ましたら、満洲関係の本、よく集まってましたし、面白く出来ているので、感心しました。この調子で次号もさらに頑張ってください」

自分の似顔絵つきの「質問大歓迎！」の言葉もあり、うれしくなる。

十時、五反田南部古書会館に着く。先日やり残した、あのおじいさんの本の整理にあたる。新書の「皮ムキ」に、ひたすら励んだ。

店に帰ってきて、こちらでは、中央市大市会落札品の整理の続きが待っている。普段なら、見た瞬間に見切ってしまうが、相手はなにしろ筋の通った開拓小説関係の一口ものだから、見落としがないようていねいに時間をかけていく。

『開拓者の妻』（浅雛徹／昭和十六年／不二出版社）という満洲開拓小説に頭をかかえこんでしまった。序文さえ読まなければ、このまま満洲開拓ものの棚にすんなり差すことが出来、仕事もはかどったのに。

親友火野葦平の文學は、平凡とあたりまへの中に安住と矜持《きんぢ》を見出さうとしてゐるところに特色と價値《かち》がある。麥と大將でもなければ、土と將軍でも、花と參謀《さんぼう》でもない。麥と兵隊、土と兵隊、花と兵隊である。

その小説には飲んだくれのお人好しや、博徒《ばくと》の向ふ見ずや、類型の人物が多いが、それは構はない。却つて然うした人の中から、現代的な生活の血と涙を見出してやらうとしてゐる彼の心意氣を多とすべきである。

そして、序文の締めくくりにこうある。

茲に不二出版社の囑《しょく》に由り、浅雛徹と名乗つて新たに私の作を世に送ることゝする。

火野葦平を「親友」と呼ぶ「浅雛徹と名乗」る男がわからない。この「浅雛徹」の前で立ち往生だ。一体誰なんだ。先に先にと進まなければいけない状態にあるというのに。さまよってみよう。

『実説火野葦平』（原田種夫／昭和三十六年／大樹書房）と『西日本文壇史』（原田種夫／昭和三十三年／文画堂）にあたってみることにした。とくに『西日本文壇史』には、巻末に詳細な人名索引と作品索引がある。だが、見事に空振り。

どうやら、九州とは関係なさそうだ。火野の親友、という線を歩いてみよう。まず、浮かぶのが中山省三郎。詩人と大衆小説が結びつくだろうか。『海珠鈔』（中山省三郎／昭和十五年／改造社）にあたってみる。何かヒントが埋まっていないかと、その中の「葦平に逢ふ」を血眼になって読む。読んでいくうちに、こんな一文にぶつかってしまった。

民俗学的なものに対する葦平の関心は大きい。十年ほど前に異色ある『若松港湾小史』（若松港沖仲仕小頭組合発行）を送り来って、われわれを驚かした葦平。

そんな本を葦平は書いていたのか。「沖仲仕」の文字が輝いて見える。いま、知ったばかりの『若松港湾小史』が読みたくてたまらなくなり、ひょっとして、ここにあるのでは、と、港やくん（港や書店）に電話をかけていた。年代を聞かれ、中山省三郎の一文の日付が昭和十三年八月二十六日であることを確認し、どうやら昭和初年の本であるらしいと伝える。在庫なし。いままで扱ったことがないとの返事。ぼくら二人のうち、どちらかが先に見つけたら、見せあうことを約束し、電話を切る。浅雛徹から遠くに行く自分に苦笑した。落ち着いて考えてみよう。

浅雛徹の「雛」の字が何か気になって仕方がない。浅岡でも浅山でも浅川でもなく、どうして雛とつけたのか。「雛」の文字から、雛祭り、郷土玩具、おもちゃと連想したところで、火野葦平にも縁のある雑誌を思い出した。玩具に憑かれた詩人・原田種夫が病膏肓に入り、出した郷土玩具雑誌『べにうし』（原田種夫編／昭和十一年／限定四百部）のことを。そういえば、文学的盟友・劉寒吉は、第一号で「原田種夫と玩具」と題し、原田種夫のこんな述懐を記録している。

こうなつては、もう、損も得もない。日本の文化への貢献のために、わしや必ず成功させるよ。もう儲けるなんてケチなことは考へられん。そんな考へは、純朴な玩具への冒瀆なんぢや。

全國各地から毎日のやうに小包が届き、その中から一つ一つ土の香をぷんぷん溢ふらせて素敵な郷土色を一杯に光らせた玩具がころげ出る。わしの掌の上で、それら、土のもろもろの人形や、張子のさまざまの動物や、木彫のくさぐさの魚類たちは、生業にすさんだわしの胸に、なんと風韻に満ちた可愛い朴吶な言葉で話しかけてくれる。ぢつと、その玩具たちとの對座をたのしむわし。ひしめきあひ荒くれ立ち濁りに濁つた世の中に、こんなにも淨らかな法悅があつたのぢやなあ。

浅雛徹とは、「玩具狂」原田種夫その人ではないか。浅雛徹の文字を、「朝」から「雛」に「徹」す、と読めないこともない。玩具狂ならば、そう名乗ってもおかしくはない。

もう一度、『開拓者の妻』をパラパラめくってみる。九州の匂いがまるでしない。しかも、発行所は、大阪市天王寺区。大阪にひょっとして、火野葦平を「親友」と呼ぶアサヒナトオルという作家がいたのだろうか。わからない。さっぱりわからない。

三月×日　火曜日

満洲の棚に、所在なげに『クロポトキン全集第三巻』（昭和五年／春陽堂）が、ポツンとささっている。この本を見るたびに、小池英三は本当のところ、満洲から引き揚げることが出来たのかなと思うのだった。小池英三とは、この巻に収められている「ロシアの牢獄」の訳者だ。というのも、今日、例の開拓小説の山の中に、『思い出の人々』（奥谷松治／昭和五十三年／私家版）を見つけたからだ。最初に想ったのが、小池英三のことだった。「協同組合運動家」奥谷松治は、石川三四郎、徳富健次郎、木下尚江といった高名な人物を描く中にあって、忘れかねる友人として、この無名の小池英三を取り上げているのである。

小池英三。食うに困っての、心ならずの満洲行だったのか、送別会の席上で、「話の途中で感窮まり絶句してしま」い、「岩佐作太郎老が見兼ねて後をひきとり、補ってその場を無事に納めた」というエピソードの持ち主なのだ。敗戦を迎え、「結局難民となって、満洲国のどこかで命を失った」。

奥谷松治は、若き頃、胆のう炎で一命を失いかけた時、小池英三から受けた「しんせつが今も忘れられない」という。こうも書く。

　彼が死んだことは敗戦後十年もたってから、石川三四郎氏の葬儀のとき来合わせた古川時雄君から断片的に聞いた。これが彼についての最後の消息である。

「ロシアの牢獄」の訳文をめくる。満洲で命を落とした男の数少ない一冊を、ぼくは、千五百円の値段しかつけることが出来ない。

三月×日　水曜日

新宿・模索舎で前号の目録『特集・寺島珠雄私記』を購入したというお客さんから注文が入る。

十一点も注文を下さったのに、送ることが出来るのは一冊のみ。申し訳ない。そういえば、昨日、「目録を読み返して」というお客さんから、これまた在庫がなかったが、注文があった。そろそろ、次の目録・川村竹治を書き始めよ、という合図かな。

三月×日　木曜日

長野の栄光社印刷から、川村竹治目録用の原稿用紙、ダンボール一箱分とどく。

今回も活版印刷でいくことにする。『印刷に恋して』（平成十四年／晶文社）の松田哲夫さんではないが、一度、自分の古書目録の印刷現場を見てみたい。

三月×日　金曜日

詩人・森竹夫のことが気になり、「くまざわ書店」で購入した三木卓の『わが青春の詩人たち』を読みながら、JR御茶ノ水駅に向かう。森竹夫についての記述を一カ所も見落とさない心積りで読む。今日は、松田哲夫さんの新刊『印刷に恋して』の出版記念会が、山の上ホテルで開かれる。会場で、石神井さんを見つけ、開口一番、「森竹夫の『保護職工』、在庫ありませんか」と聞いた。あまりに唐突すぎたのか、真面目な顔でいったせいか、石神井さん、一呼吸おいて、「あれは、ない本だよ」と。うれしいやら悲しいやら。簡単に手に入ったら、森竹夫に申し訳ない。

三月×日　土曜日

五反田の南部支部入札会に行く。会館に入ろうとしたところで、清水さん（三田・清水書店）に出くわす。「ちょっと相談したいことがある」と、近くの喫茶店に連れていかれる。

聞けば、今年八月から二年間の次期南部支部機関誌部長を引き受けてくれないかという相談だ。清水さん、次期の副支部長（総務）が決まっているだけに、人事の根回しに奔走しているのであった。ぼくと同い年だが、高校生の頃から市場に出入りしている古書店三代目。慶応大学の側に店がある。

「カミさんの了解を取ったうえで」

ということで内諾する。

次期の南部支部長は下さん（古書肆田園りぶらりあ）、「五反田遊古会」展のあとはいつも飲んでいる仲だ。もう一人の副支部長は天誠さん（天誠書林）、ぼくは、この人には頭が上がらない。本の知識もさることながら、ぼくと美央の結婚のお祝いを山王の御自宅で催して下さった方でもあるのだ。父親である天龍三郎仕込みのちゃんこ鍋は本当においしかったし、天誠さんの思いやりが心に沁みるありがたい会であった。

古本屋になって十一年と三カ月。ぼくを育ててくれた南部支部へのささやかな恩返しをするには、ちょうどいい時期だと思う。機関誌部の主な仕事は、年に一回の『南部支部報』の発行だ。年一回なら、仕事の合間をぬってなんとか出来るだろう。

昼、なないろさんと会館近くの「梅林」で昼食。さっそく、なないろさんに、副機関誌部長をお願いする。なないろさんは、子どもも小さく育児に忙しい身だし、本部理事を数年前に務め、いわば、上がりの身だが、「月の輪じゃあ仕方ないな」と、笑みを浮かべて快諾してくれた。

三月×日　日曜日

無性にバスに乗りたくなった。美央と大森に出ることにした。人影ひとつない日枝神社にお参り。美央と熊本にいる義父母、義妹、それにうちの母、弟一家、そして中山さんの市場復帰を祈る。

「五円で、それは頼みすぎだよ」

美央が笑う。

それから、大森貝塚まで歩く。バスに乗り、大井町まで行く。小さな商店街の入口のお地蔵さんに手をあわせる。旧阪急デパートに入っている「ブック・オフ」を小一時間、散策する。百円均一の中から、『中山冨士雄先生を偲んで』(平成十一年／非売品)という姿の美しい本を買う。口絵にある若き日のトランペットを吹く姿の写真が気にいった。りりしく、いい顔をしている。師を悼む作曲家・神津善行の言葉がさりげなく収められているかわいらしい一冊でもある。

「君を教えるのは今日で止めます。さようなら。」

と言って師は部屋を出て行くことが何回もあった。三十分程度は立ったまま師の帰りを待っているのだが、最後はあきらめて楽器を持って学校を出る。

荒れ果てた上野公園の中で、何度「これで俺はおしまいだ」と思いながら駅まで歩いたことか。

ある日、下を向いて歩いている小生の横にとつぜん師が現れ「一緒に駅まで帰ろう」と言われ、驚きと喜びで舞い上がったことがあった。この時の師の話を要約すると「私は君にトランペットの吹き方を教えているのではなく、トランペットを通して音楽を教えたいのです」という慈愛溢れる言葉であった。

買物をすませた美央と二人きりのバスは走っている。

「まるで個人バスだ」

笑いながら、池上まで揺られて帰る。

『わが青春の詩人たち』を読み終える

三月×日　月曜日
『わが青春の詩人たち』読了。そこからの森竹夫に関するメモ。
1　ぼくの父親は、満鉄の外郭団体のひとつ満鉄社員会というところにつとめていて社内報の「協和」という雑誌の編集をしていた（後略）

2　父親は大正後半に静岡県の中学を卒業し、昭和初年には東京にいて詩人の卵をやっていた。アナーキスト系詩人のかれ（森竹夫というのがその名前だ）は、じきに挫折して中国東北で新聞記者になり、戦後の混乱期に無責任にも家族を残して死ぬ。

3　やはり『学校詩集』時代の父親の仲間だった一人に木山捷平がいた。一九四五年にかれは中国東北の長春にいたので、同じ都市で新聞記者になっていたぼくの父親は旧交を暖めていた。

4　ぼくが大学生になったころ、父親の昔の友人たちが、未亡人であるぼくの母親のために、神田の〈はちまき〉で追悼の会をしてくれたことがある。詩人として挫折して死んだ男を、昔の東京での仕事仲間のみなさんが偲んでくれたのだが、そのとき詩人としては、木山捷平、小森盛（若い女性を同伴した、すごみのある男だった）、山本和夫、野長瀬正夫が来てくれた。

5　ぼくは三人兄弟だったが、いちばん上の兄貴は七歳で粟粒結核で死んだ。それは一九三六年七月二十八日のことである。

「ぼく（野長瀬正夫　引用者注）はねえ、あんたのお兄ちゃんの鷹介《ようすけ》ちゃんのからだをねえ、運んだんだよ」

「え」

「中野に組合病院というのが、今でもあるだろう。あそこから淀橋のお宅まで。あんたのお父さんといっしょに、リヤカーで運んだんだよ。とても暑い日だった」

「…………」

（中略）

ぼくはようやくいった。

「そこはぼくが生まれた古本屋でしょう。おやじは失業して自分の本を売って食っていたはずですから。そうですか、リヤカーでねえ」

奈良の十津川出身のこの詩人は、そんななまなましいことを、父親といっしょにやってくれていた。

そうか、森竹夫は、古本屋の時代があったのか。ちょっとビックリする。森竹夫の背景がぼんやり見えた。

三月×日　火曜日

木山捷平『酔いざめ日記』を、朝から仕事もしないで読み始める。といっても、読むのではなく、「森竹夫」の文字をただ追う。追っていて、日付が飛んでいることに今さらながら気づく。これは、抄録なんだ、と。飛ばされた日に、森竹夫が出ている可能性は大いにあるが、肉筆原本にあたることは、当たり前の話だが、出来はしない。奇特な出版社が、将来、『木山捷平全日記』を出版してくれることを期待し、今は、木山の中の森を追いかける。

ぼくの見落としがなければ、「森竹夫」は五回登場している。木山捷平は、「森」としか書いていないので、違う人物であるケースもある。だから、矢掛中学第十六回卒業生、つまり、木山の中学時代の同級生に「森」なる人物がいたことが出ているので、ここでは、まず、森竹夫に間違いないと思われる一日を写しとることにする。昭和七年七月九日、土曜日だ。

過日大森に於て不慮の死を遂げたる石川善助君の告別式、東大久保専念寺で行われる。高村光太郎、尾崎喜八、赤松月船、吉田一穂、福士幸次郎、金子光晴、会するもの数十名。善助君の厳父令弟粗末なる様子人の良き顔しているのが哀れなりけり。帰途新宿エルテルにて日野、森、塩野、江口、小野十三郎等とコーヒーをのむ。

そして、昭和八年九月八日を最後に、木山捷平の視野から森竹夫の姿はプッリと消える。次に出てくるのは、昭和三十九年三月十日だ。

森竹夫二十周年忌。池袋「銀ずし」会費千二百円。すでに会は終っていたが、二次会を「木曽路」でした。

森竹夫は、昭和二十年の何月何日に、満洲のどこで亡くなったんだろう。

三月×日　水曜日

朝、京都の鶴見太郎さんに葉書を書く。昨夜、早稲田大学の「坪内教室」の生徒、海野くんの送別会があり、その折りに、知人から、鶴見太郎さんが李奉昌のお墓がどこにあるか知っていると教えられ、筆を取ったのだ。鶴見太郎さんと李奉昌とが結びつかないにもかかわらず、ぼく以外に李奉昌に関心を持つ人がいたことがとてもうれしくて、教示を乞うことにした。

鶴見太郎さんとは、『山中共古ノート』(広瀬千香/昭和四十八年/私家版)を購入していただいたのが縁で、一度、お会いしたことがある。酔っていて確かではないが、今、新渡戸稲造を調べていますと聞いたのが二年前だ。昨春、目録『寺島珠雄私記』発行の時には、丁重な感想文までいただいた。返事が楽しみだ。

仕事を終えた「放課後」、西原さんからすすめられた『北辺慕情記』(北村謙次郎/昭和三十五年/大学書房)を読み始める。これ一冊を読みつぶせば、満洲芸文界の見取り図を頭にたたき込むことが出来るはずだ。奥付の著者略歴にこうある。

明治三十七年七月五日、東京麴町生、大連一中卒後青山学院・国学院大学等遊学、昭和九年青い花同人仝十一年日本浪漫派同人仝十二年満映入社仝十三年満洲浪曼同人仝十四年満映退社執筆生活に入る仝二十二年壺芦島・佐世保を経て東京引揚

深夜、家への帰り道、西原和海さんに、葉書を投函する。森竹夫についての疑問点の質問など。

三月×日　木曜日

何ヵ月ぶりだろう、ジャンパーを脱いで店まで自転車を飛ばすのは。気持ちいいほど、青空が広がっている。今日一日は、確定申告の作業に没頭する。夜、手伝いに来てくれたフミちゃんと別れ、美央と一緒に帰る。

三月×日　金曜日

『北辺慕情記』を手にして迷っている。大いに迷っている。

自家用の一冊として読みツブすべきかどうかを。満洲に本気で取り組むなら読みツブすべきだ。だけど、この本、帯付完本、しかも極美で、そのうえ、作家の保高徳蔵宛の署名本だ。『寺島珠雄私記』で売れ残ったとはいえ、二万五千円の売り値、今後、いつ手にすることが出来るかわからない見つけにくい本だ。これに、赤鉛筆や青鉛筆を入れられるか。お客さんの手に渡してこそ古本屋だろうという、もっともな声が聞こえてくる。コピーをとって、そこに書き込めばいいじゃないかという至極もっともな声も聞こえてくる。そうすれば本は生きる。でも、どうした性分か、これがコピーではだめなんだな。コピーにしたとたん、一度として読んだためしがない。西原さんに、読んだ方がよいとすすめられた。それに応えるためには、中途半端ではだめだ。ええい、ままよ。裏見返しに大きく、「月の輪書林用」と筆ペンで書く、いや、やっぱり書けない。この一冊を誰かに渡すのがぼくの仕事だもの。

三月×日　土曜日

「趣味展」初日は来月の五日、ということは、ぼくの四十四回目の誕生日だ。自分で祝いたくなり、大切にしてきた郷土玩具雑誌を「趣味展」の目録に書くことにした。見ているだけで、知らず知らずにニコニコ、童心に戻った気がして愉快になるのだ。伸びやかで自由な精神。ここは、精神をこころと読みたい。

こんな一文に出会うと一日をおおらかに過ごせそうな気がしてくる。

扨《さて》話は余程古い、東京のF友人が、向島の奇人世界玩具の蒐集家の先輩、淡島寒月翁を訪問した時に、話は八丈島の木牛の事に及ぶ、F氏はこんな事を翁に訪ねた、うなゐの友第六編に描かれてゐる八丈島中の郷にて造る木牛と云ふものがあるが私が島へ渡った時に島人に尋ねて見たが絶対にそんなものはないと云ふ、若し御覧になった事がありますかと云ふと、翁は童顔に笑みを浮べウフヽヽと笑ひながら、あれはいくら探されてもない、実は私が洒落に作って晴風翁に贈ったのが歳月が流れて晴風翁も洒落で貰った事を忘れてしまって、本当にあったやうな気がして描いてしまったのである、と笑ってしまったと云ふ。

名古屋の郷土玩具雑誌『風車』創刊号（昭和六年九月一日／大供玩具研究会）に人魚洞（川崎巨泉）が寄せた一文だ。『日本史年表』（岩波書店）ばかりが、歴史じゃないよ。そう、『風車』が、ぼくにささやく。

『風車』は、一九三二年を、「可良可良号《カラカラ》」、「雅楽雅楽号《ガラガラ》」、「オ雛サマ号」と楽しんでいる。「血盟団」、「五・一五事件」、「赤色銀行ギャング事件」と「事件」づくめの、ぼくの「一九三二」年表のすきまを軽やかに遊んでいる。急に『風車』を売るのが惜しくなってきた。寒月未亡人のこんな回想を目にしてしまうにつけ。

震災の時向島の家を焼き拂はれて、一時麴町の紀尾井町に避難してゐましたが、その時、大阪の知人から五十円送ってくださいました。おぢいさん（寒月翁）は、それを持ってブラリと家を出て行きましたが、帰って来た時には、両手に一ぱい玩具を下げてゐられます。どうしたのですと聞きますと、あの金で皆んな玩具を買って来た、と子供のやうに喜んでゐられるのです。コレには全く家中のものがあきれてしまひました。

全くウフ〳〵〳〵。

三月×日　日曜日

今日は日曜だから休み、と思ったが、昔、雨が降った日曜日、店に水が漏れてきたことを、何故か、突然、思い出してしまった。自転車を飛ばす。やれやれ。西原さんからＦＡＸが届いていた。

「森竹夫（富田武夫）『保護職工』のこと、この本、近年、なかなか見かけません。お貸しします」

とうとう、森竹夫に会えるんだ。うれしさより緊張が走る。どんな詩を書いていたのかがわかってしまう。わかりたかったのに、わからないままの方がよかったのではないかなどと思ってしまう。西原さんに、送料分の切手を同封し、感謝の気持を書く。

笠木良明という人物

三月×日　月曜日

児玉誉士夫の名前を覚えたのは、ぼくが高校二年、ロッキード事件がさわがれた時だから二十六年前だ。その「政界の黒幕」児玉誉士夫の言葉に今、耳を傾けている。

ケーベルは「一生に只一遍でよいから真に自由なる人間と会って見たい」と歎じている。人間の本質は自由に在るが故に、真に自由なる人間とは即ち「まことの人」に外ならぬ。世に人間の数は無数であるが有りふれた人間の中に「まことの人」は有り難い。人間笠木良明はその、世に有り難き真人《しんじん》の一人であった。

『キメラ――満洲国の肖像』で、大学生だった山室信一さんが、「強い衝撃を受けた」と書き記した本、『笠木良明遺芳録』の序文を、なんと、あの児玉誉士夫が書いていた。こう続けているのだ。

私は、幾百の青年俊傑をして満蒙の野に縦横馳駆せしめ、また幾十の子弟を喜んで死地に就《つ》かしめた指導者、志士としての笠木先生に対してよりも、一個無名の人間笠木良明に対してこそ無限の追慕敬愛の念を禁じ得ぬ。（中略）人間笠木良明の至誠真実と慈悲忍辱と、その香り高きヒューマニズムは、天下の庶民大衆が以て一世の師表とするに足るものであり、而も時代と国境を超えて不滅の価値をもつのである。

「ケーベル」「自由」「ヒューマニズム」という言葉が、ここにある。軽いショックを受ける。自分の手は汚さず、甘い汁をすって世を渡る最低の右翼と、十七歳の時から疑うことなく思い続けてきた、これが児玉誉士夫その人の言葉なのか。とまどう。とまどいながらひきこまれていく。

笠木先生の生涯は失敗の連続であったと評するものがあるが、それは歴史の本質を解せざるものである。遂に敗れたものは笠木先生ではなく、先生を追放し革新運動を弾圧した日満の指導階級であったのだ。満洲国における参事官運動は反笠木派の一群と之に使嗾せられた関東軍の弾圧によって潰《つい》え、笠木先生は日本に「追放」せられた（後略）

唐突に怒る児玉誉士夫にとまどう。

「革新運動」といい、「参事官運動」といい、さっぱりわからない。でも、あせることはない。笠木良明が満洲の地で何をしようとし、なぜ失敗したのか。それを、この本でゆっくり見ていけばいい。

それにしても、児玉誉士夫に教えられることになろうとは。人生わからない、とはこのことだ。

川村竹治の生涯

三月×日　火曜日

母、来りて二日目。体調はとてもよく、昨日は美央と一緒に本門寺、池上梅園を散策した。弟一家の子どもたちが春休みになり、来月の七日まで我が家に滞在することになった。今度の日曜日には、上野に花見に行こうかどうか、話している。それを聞いていて、ぼくは、ふと、豪徳寺に行きたいと思った。探しだせるかどうかわからないが、笠木良明の墓があるという。そのたたずまいは、写真で見ると、慎ましく好感がもてる。一度、「満蒙関係受難者の墓」を訪ねてみたい。

目録・川村竹治の大きな流れを考えてみる。

タイトルは、これではどうだろうか。

「特集1932――川村竹治と李奉昌」

目録番号の一は北一輝『対外国策ニ関スル建白書』ガリ版。これは、北一輝自筆で川村竹治閣下宛、とあり一九三二年四月十九日の消印がある。文字通り、プロローグである。１９３２、の。

まず、「川村司法大臣、刑務所を視察す」と書き、「李奉昌予審調書（生資料）」を持ってくる。

ここに、「一九三二年一月八日午前十一時四十四分「桜田門事件」李奉昌、天皇の馬車に爆弾を投げる」といれようか？

とにかく、李の調書の後に、「天皇文献」、「植民地朝鮮生活風景」を並べよう。そして、こういうのは、どうだろう。

「一九三二年に収監されている左翼活動家文献」、「日本共産党文献」、「貧困・貧民文献」と続けて、一九三二年の一つの時代背景を描いてみたら。それから、元に戻って、とっておきの「川村竹治旧蔵　視察生資料」を広げる。その内容は、「市ヶ谷刑務所（一九三二年五月六日）」「小菅刑務所（同五月十三日）」「豊多摩刑務所（同五月十四日）」。最後の豊多摩刑務所視察は、五・一五事件の前日だ。川村竹治は、李奉昌にこの日会っている。

以上が、目録のプロローグ。

そして、［1］川村竹治の半生、と置こう。ここは年譜処理にしようか？　一応、試みてみる。

明治四年七月十七日　秋田県に生まれる。
明治二十九年七月十日　東京帝大法科大学英法科卒業。
（学生時代につかった講義写本あり）
（同級生による寄書帖あり、一九四二年春）

明治三十一年　　　　　　　　　　　　武田文子と結婚

＝

川村文子（一八七五～一九六〇）

（明治三十九年の川村竹治宛の手紙をここで出そう。子どものことにもふれた内容がある手紙。川村竹治は、ローマで開かれた第六回万国郵便会議に逓信省代表の一人として出張していた）

明治二十九年七月十八日～明治四十年　逓信省時代（十一ヵ年）

七月十八日　通信局外信課

明治三十年二月　第五師団入営の為、休職

六月　復職

八月　（官制改正により）郵務局勤務

十一月　事務官となり、監査局調査課長、庶務課長を経る

明治三十一年十一月　東京郵便電信局監督課長

明治三十三年十二月　通信局庶務課長、鉄道船舶郵便課長

明治三十四年八月　広島郵便局長

明治三十八年五月　本省に戻り、大臣官房文書課長

明治三十九年二月　ローマで開かれた第六回万国郵便会議に出張（帰朝

十月）

明治三十九年　横浜郵便局長

川村竹治が横浜郵便局長だった頃の思い出を、当時、同局で監理課長だった田辺治通が、こんなふうに語っている。

事務家としての故人は卓んでた手腕と熱意とをもってゐた。練達堪能といふ言葉は故人の場合に当てはまる。物事を研究的にやるから自ら一廉の見識も立つ。従っていろいろと問題を取上げては自分でせっせと纏めては本省へ建議もすれば、ものに依っては管内局内への実行に移す局舎構造準則とか現業主事心得とか物品処理規定とか言ったもののプリントを戴き意見を徴されたことなども記憶に浮ぶ。

つまり仕事に興味をもってまめに働く精力主義の権化といった風で、よく演説の草稿なども自分で纏め、手許に在る書類等もきちんと始末をしたものである。

横浜が貿易港の関係で年一回外国領事国の招待会を催してゐたが故人の佛蘭西語で演説したことなど思い出す。

明治四十年六月　帝国鉄道庁参事

明治四十一年　内務省入り

明治四十二年　台湾総督府内務局長兼警視総長

（ここで、植民地台湾文献は出さないことにする）

和歌山県知事

明治四十四年九月

川村竹治であるが、この男も伊沢に劣らぬ官僚気質の利かぬ気のやり手だった。然し伊沢よりは利巧だったと見え、県参事会と結託して、自由に仕事をしやうと考へた。所が当時海草、伊都、那賀、東、西牟婁の参事会員でない議員十五名は、参事会員に対する感情の行違ひから結束して参事会員の十五名と争った。恰も参事会派は議長が一名加ってゐたので、議場で可否を決する場合一名不足となるので、非参事会派は原案に挑戦的態度をとり、予算審議に調査委員を設け、参事会で決したものを片ッ端から修正して四ヶ年間押し通したので参事会は何等権威なく面目玉を踏み潰された。こんなことは日本の地方議会に例のない特筆すべきことで、川村知事も遂に兜を脱いだといふ。然し非参事会派は、主張をまげず、一任期突張り通したので、川村知事もまたもや転任運動をして大正三年に香川県へ去った。（『県政物語』朝日新聞社通信部編／昭和三年／世界社）

世界社、というのが気になった。回り道をしてみることになった。『近代日本社会運動史人物大事典』にあたる。饒平名《よへな》智太郎《ちたろう》が発行人とある。一八九一年、沖縄・那覇出身。一九六〇年に亡くなっている。経歴を追ってみる。一九一四年に上海の「東亜同文書院」に入学、病気のために中退。上京して、雑誌『改造』の記者となる。うーん、だんだんと関心がわいてきた。日ソ国交回復のために、後藤新平が呼んだヨッフェと共産党との連絡係も担当、だって。そして、二六年に、この世界社を創設……。三七年には、北満の武装移民の入植状況を視察とある……。戦後、三里塚の御料地から八十町歩を譲り受けて、三百人の沖縄県民を入植させた。

取りあえず、先に進もう。

大正三年六月　　香川県知事

初代の林知事が、農民を無上に喜ばせた盆踊の許可は、大正二年十二代目の鹿子木知事に至って再び禁止された。

しかし、それから僅か一年を経つか経たない内に、第十三代目の川村知事となって盆踊は復活した。これがため川村知事もそれまでの盆踊許可知事の誰彼と同様、良二千石の名を被されたなどは、安値といへば安値だが、民心に投ずる面白さもまたそこにありともいへる。牧民官の県民に対するは、恰も医者の患者に対すると異ならず、患者が発熱せば、医師はそれに解熱剤を投ずるの外に策なしと川村知事は、就任の挨拶の際云ったさうだがかうした民意の尊重振りが、県民に受けた所以であり、また一つには彼が曽て多度津の一等郵便局長として、県民とは古い馴染があったからでもあらう。（『県政物語』より）

大正五年一月　　青森県知事

小浜の後任川村竹治は今度は逆に政友派と水魚の交りを結び、憲政派ブッ潰しに奔走する。

川村と県政友会の悪縁因はこの時からで、以来「青森県には三人の知事がある」といはれた。それは任を放れても県の政友会の胸ぐらを摑んでいる川村と政友の大御所竹内清明、それにその以後のホントウの知事のことだ。県の大政友会結成、その分裂、本党出現、その分裂と消滅の影にはいつも川村が糸を繰つってゐたものだ。（『県政物語』より）

大正七年　　　　内務省警保局局長（原敬内閣）
大正九年　　　　内閣拓殖局長官
大正十年　　　　内務次官（大正10・11・4　原敬死す）
大正十一年六月　貴族院議員、勅選（～昭和二十二年五月まで）

［2］第八代満鉄総裁（大正十一年十月二十四日～十三年六月二十二日）とする。そして、次のように本を置くことにしようかな。

満洲文献
満鉄（川村旧蔵資料あり。松岡洋右手紙あり）
関東軍（石原莞爾）
笠木良明―児玉誉士夫
満洲開拓（少年義勇軍）
満洲の子供たち（生活風景）

建国大学（満洲の学校）
満洲文学
満映（内田吐夢　甘粕正彦）
満洲引揚

そして、次に、こういく。

［3］関東大震災——妻・川村文子のこと。
大震災文献（朝鮮人虐殺）。ここにアナキズム文献を出そう。

大正十三年四月十二日　　　　川村文子、川村女学院創立。

本当に真剣にならなければ、帝都の復興は愚か、国運の発展は到底期し難いと、心から思ひました。そして私はこれは男子だけがしっかりしたのでは駄目である、女性がしっかりと女性本来の使命に目醒めて雄々しく動き出す事が、最も大切なことであり、最も根本的なことであると痛感いたしたのでございます。
教育機関の大部分が灰燼の中に殆ど其の命脈を断たれやうとして居ったのでありました。帝都教育界の此の惨状は、私をして自分自身の境遇について顧慮する余裕を失はしめるに至りまして、女子教育の為に何ものをも顧みずに邁進せんといふ決心をさせたのでございました。

（川村文子）

これからは、こうか。

［4］川村の台湾総督時代（昭和三年六月～昭和四年夏）

植民地・台湾文献（川村竹治旧蔵生資料あり）

※このつなげ方には、工夫する必要あり。違和感をもたせないこと。

［5］南方文献

井伏鱒二ほか南方徴用作家

［6］戦争文献

※敗戦資料は極力押さえること。

［エピローグ］五・一五事件

犬養毅文献（政党文献）

右翼文献（川村旧蔵資料あり）

二・二六事件（北一輝）

凶作文献（東北身売り）

この事件で、川村司法大臣、依願免官。（犬養内閣総辞職）

川村竹治肉筆資料（漢詩作他）あり

［昭和三十年九月八日　川村竹治死去］

［昭和七年十月十日　李奉昌　大逆罪により死刑］

で、終わり、にしようか……。

一日かかって、目録「特集１９３２」の見取り図を書き終えた。

この十四枚のメモを貼りあわせ、巻紙にして物語のながれをチェックしてみた。やっぱり、今回の目玉は満洲だと再確認する。

川村竹治の破竹の出世街道にストップをかけた「五・一五事件」は、エピローグにもってきた。プロローグにもってくる手もあるが、〝頭〟が冗長になってしまう。「１９３２」年を浮かび上らせるには、ラストの方がおさまりがいいのでは……。思いついたことを、赤鉛筆で書き加えていく。

こうしてみると、目玉の満洲文献が弱い。頭でいくら満洲がわかったとしても、結局は、目録に書ける本があるかないか。これに尽きる。

蒐集に励むべし。

で、いま、お金はない。

どうするか。
この見取り図からこぼれる本はとにかく売ろう。幸い、月末と来月初めは古書即売展が続く。本への未練を、ここは断ち切り売ろう。来月中旬には、全国の古本屋が集い、競い合う「全古書連大市会」が、東京である。何かとんでもないものが、また、ぼくを翻弄しそうな予感がする。

詩人・森竹夫

三月×日　水曜日

「保護職工」。この一篇の詩をさっきから、繰り返し繰り返し読んでいる。森竹夫詩集『保護職工』（昭和三十九年／風媒社）が、西原さんの手を離れ、わが店に舞い込んできた。昭和四年、二十四歳の無名詩人の言葉だ。

保護職工

働いてゐるこの機械は家庭用シンガーミシン臺ではない
　旧式な製本の安機械
彼女は磨き歯車に油を注《さ》す
埃をうかべた日光が漸くさぐりあてるくらがりで

だまりやさん
だまりやさん
だけどわたしはお前がぢつと何をこらへてゐるのか知つてるの

十六歳未満だから保護職工
何てかがやかしい名だ美しい名だ
殘業はたつぷり四時間
活動小屋のはねる頃になつて
半分眠つたこの保護職工は繩のやうなからだで
　露地から電車にたどりつく
ガスのたまつた神田の工場街では雀もあそばない
十一月に入つて冷たい雨がふり出した
通りがかりに見ると彼女は今日も見えぬ
ぢつと光をこらした機械の上におどろくべき鮮明さで
　保護職工の指紋がついてゐた

＜昭和四年十二月・一九二九年版「學校詩集」所収＞

「ぢつと光をこらした機械の上におどろくべき鮮明さで／保護職工の指紋がついてゐた」とつぶ

やく詩人に出会えたことがうれしい。

三月×日　木曜日

こんな詩もある。

貧民窟に立ちて

この窮乏は戦場でせうか
この広い區域はどこで終るのでせう
いいえ　境界は明瞭です
ここは見捨てられた貧民窟です
おぼえておいてください
ここの人達が失つた數々のものを
すべてを奪はれたためにこの區域の境界は明瞭なのです

〈昭和四年七月「學校」第六号所収〉

森竹夫が、なぜ満洲に渡り、どのように満洲で生き、そしてどうして亡くなったのか、ぼくの一番知りたかったことに、次男の富田奎の回想記が全て答えてくれる。富田奎の記憶の断片から、森竹夫の人間像が浮かびあがってくる。

　こんなこともあった。満洲では主食の配給通帳が日本人と朝鮮人・満人とでは表紙の色が違い、米と雑穀の比率が極端に違った。こんな差別をしていいものか、五族協和を目ざす日本人がこれでいいのかともらしたこともあった。

　今にして思うと、父の周辺にはいわゆる左翼転向者が多ぜいいたような気がする。大連で、学生運動のため五高を追われた板屋さんという人や「ナップ」「戦旗」のバックナンバーを貴重品のように預けて内地に帰った谷崎さんなどという人が近所に住んでいた。名は忘れたが憲兵隊に拘引されて拷問にかけられた父の若い友人の安否を気づかうひそひそ話が、隣室で眠れないでいる子ども達の耳にきこえてきたこともあった。深夜まで話声が耳について眠れぬ晩がよくあった。

　こんな森竹夫もいた。

　音楽的素養もなかった父が『シャンソン・ド・パリ』を買ってきて、ダミアの『暗い日曜日』などを繰り返しかけていたのを思い出す。「ヴォル、ヴォル、マッシュメル」という物悲しいルフランのある歌も記憶の片隅に残っている。あの時代にシャンソンがどんな意味をもっていたか分からぬが、それに照応する憂悶が父の内部におそらくあったのではないだろうか。

そして、敗戦。

父は「自分たちの時代が来た。これから書くんだ」といっていたが、その願いも果さぬうちに死んでいった。北満から乞食同然の様で避難してきた多くの日本人救済のために、発疹チフスの巣くつである難民居住区のただ中に赴き、感染、高熱のため意識不明のまま死んだ。虚弱な父を危険を伴う仕事に駆りたてたものは、若き日、貧民窟の人々・保護職工・辻君、それら不幸に苦しむ者たちに寄せたあの「愛」ではなかったろうか。買ってきた古本を酒精で消毒しなければ気のすまなかった父が、虱の猖けつする難民地区を駆けまわらずにはいられなかったのは、不幸を黙視できぬ父のヒューマニズムであったように思えてならない。

詩人・森竹夫は、昭和二十一年三月十日、発疹チフスに感染して死んだ。『保護職工』をまためくり、森竹夫と一九二九年を歩こう。路傍で辻君が呼んでいる。

辻君

女よ
そなたは知つてゐるか

人形がいかにそなたと遠いかに就いて

河向ふにテント張りの土工人夫の假宿がある
暗い電燈の下で眠つてゐる人達の仕合せをそなたは
　知るか
糠味噌桶の泡の音が聞えぬか
吹雪にとりまかれてゐる彼等の仕合せを願ふことが
　出來るか
かはいそうな女よ
人形を抱くならば
彼女はそなたの肋骨をかぞへて泣き出すだらう

〈昭和四年三月「操人形」第四号所収〉

三月×日　金曜日

国立がんセンターの帰り、タクシーの中から満開の桜を見る。家までの帰り道、品川駅をちょうど過ぎたあたり。普段、車に乗ることなんてないので、車窓の風景が新鮮にうつる。母の病気、経過良好とのこと。このままおさまってくれるとうれしいのだが。一カ月後、また、超音波検査だという。こうして、一緒についていくことしか出来ないのだ。

『保護職工』を西原さんに返送する。入れ代わるように、サッポロ堂さんから、雑誌『セーヴェル』（ハルビン・ウラジオストクを語る会／平成七年〜）、第一号から十四号までの揃十四冊が届く。西原さんから読むようにすすめられて注文した雑誌だ。一号を開き、さっそく「発刊の辞」を読む。

むかし、日本人にとって、極東ロシア領はいちばん近い外国だった。明治以降、新天地を求める人びとは、まずウラジオストクに日本人社会を築き、そこからロシア各地に移り住み、さらには満洲ハルビンへと入ったものだ。このように日本人は「北の大陸」と親しいかかわりを作った歴史をもつ。その年月は、のちにつくられた満洲国の十三年間よりずっと長い。その時代を中心に、満洲国時代もふくめ、もういちど北の地と日本人とのかかわりを思い出してみたいと思う。新天地を求めたむかしの人びとはそこで何をみたか。どんな暮らしがあったのか。どんな人びとが生きていたのか。そして、どうなったのか。日本人社会だけにこだわらず、北の地での出来ごとにひろくテーマを求め、書き留めていきたいと思う。

もう関心が目次に移っている。どんな人びとが登場してくるのだろうか。「哈爾浜《ハルビン》のロシア人住民たち――亡命者たち、ソ連国籍者たち――」（内山紀子）、「満洲開拓のパイオニア小寺洋行」（松野咸五）、「東支鉄道物語」（小泉義勝）、「ニコライ・バイコフのハルビン赴任」（左近毅）、「東洋学院物語――極東における日露言語文化交流の拠点――」（生田美智子）、「バイコフ邦訳の周辺」（左近毅）などなど。

シブイ雑誌だ。シブすぎて、いまのぼくには歯がたちそうにないが、ポツポツ読んでいこうか。……西原さんが、ぼくに言いたかったのは、「満洲を狭くとらえるな」ということなんだろうか。ボンヤリと考え込んでしまった。外は雨。

三月×日　土曜日

『肚の人　川村竹治』のコピーを久々に引っ張り出す。饒舌な文体が鼻につき、読みかけては何度も挫折してきた。だが、今回は一気に読み通す覚悟だ。何か手はないかと考え、読みながら破り捨てていくことにした。あとがない。緊張をもった読書で、饒舌な文体を克服していこうと考えた。目録作りの作業に必要だと思うところだけ生かし、あとは本当にゴミ箱に捨てるのだ。四百二十ページ。いま、朝の十時十五分、用意ドン！　だ。

望月百合子さんのこと

三月×日　土曜日

届いたばかりの『渡辺政太郎遺文』（飯野正仁編／平成十四年／私家版）を静かにめくる。めくりながら思ったのは、昨年亡くなった望月百合子さんのことだった。ぼくは、一度、望月百合子さんに、山梨にある渡辺政太郎のお墓に連れていってもらったことがある。いや、こう書くと正確ではないな。大阪の宮本三郎さんの「社会運動家墓碑巡礼」に、鞄持ちとして同行したのであった。

宇都宮刑務所で獄死した金子文子のお墓に先に参ったのか、渡辺政太郎のお墓参りが先だったか。いまとなると、記憶はあいまいだ。だが、同行していた望月百合子さんの姿は鮮明に覚えている。

「ここに、私は入るの」

望月百合子さんは、そう指さした。そこには、赤色の文字で「望月百合子」とあった。鮮烈な赤い色だった。そのことを、いま、思い出した。墓碑巡りの途次、ぼくたちは、望月百合子さんが入る予定のお墓に立ち寄ったのだった。山の中腹であったような気もするが、やはり記憶はぼやけている。望月百合子さんが、突然、その場で、宮本三郎さんに歌をお願いしたっけ。「革命歌」だったか、「黒旗の歌」であったか、これまたおぼろだ。でも、三郎さんのしぼりあげるような歌声に、望月百合子さんも唱和していた、その光景は、はっきりと覚えている。

あれは、何年前だったんだろう。十五年、六年前だったか。

そういえば、望月百合子さん、満洲で何をしていたんだろう。何を見つめていたんだろう。望月百合子さんが遺していった『限りない自由を生きて』（昭和六十三年／ドメス出版）を開いた。いきなり、あの『クロポトキン全集』の翻訳者である小池英三の名前が飛び込んできた。ひょっとして、小池英三の満洲での足跡がわかるのではないかとページをめくるが、空振りに終わった。しかし、石川三四郎の共学社で「炊事係」をしている若い頃の姿がユーモラスに描かれていて少しうれしくなった。あの石川三四郎が、小池英三の作る料理を食べて暮らしていた時期があったとは愉快だ。うん、いい気分だ。

もう午後の七時をまわってしまった。今日はここまで。

……ちょっと待てよ。もしかしたら、小池英三が満洲に渡ったのは、「共学社」時代の同志であった望月百合子さんを頼ってのことではなかったんじゃあないかな。とすると、小池英三の就職先は、当時、望月百合子さんが勤めていた「満洲新聞社」かな。でも、送別会で小池英三は人目をはばからず泣いていた。その光景は、奥谷松治が回想記『思い出の人々』に書いている。「満洲新聞社」が就職先で、そんなに泣くだろうか。どうして、大泣きしたのだろうか。ひっかかる。ひっかかるのだ。

三月×日　日曜日

母がニコニコ顔で、

「こんなのが出てきたよ」

という。父が八年前に入院した時、病気見舞いでもらったという岡山・天満屋の商品券一万二千円だった。これを使うことなくもっていたという。何か二人で、と。早速、美央と東京・大丸デパートに向った。美央と考え抜いて選んだのは、ぼくらの夫婦茶碗。それでも、使い切れなくて、えびな書店さんからイタリア旅行のお土産にいただいてから七年、苦労をともにした財布に別れを告げることにした。

帰って、母に話すと、「春財布は縁起がええんで」という。

三月×日　月曜日

五反田の振り市から帰ってくると、西原さんからＦＡＸが届いている。こうだ。

「きのう、お便り、そして今日、本が届きました。

富田武夫（森竹夫）……『保護職工』……さらに、まだ先があります。彼は『協和』（満鉄社員会誌）の編集者で寄稿者でしたが、さて、その先というのは？　満洲のことを知るには、日本から満洲を見るのではなく、満洲のどまん中に視点を置くこと――そうすると、色々なことが面白いように見えてきます。では、又！」

まだ先、と、その先、に傍線が引かれてある。森竹夫の、その先、とは一体なんだろう。うーん。森竹夫が敗戦後に命を落とすほど打ち込んだ「北満難民救済事業」のことだろうか。西原さんは、何か文学がらみのことを暗示しているんだろうか。こちらのように思えてきた。とすると、森竹夫の次男・富田窿が回想記にほんの少しふれていた「新興俳句」のことだろうか。

ひょっとして、満洲の左翼運動に何か関係していて、それを裏付ける資料を西原さんは握っているのだろうか。わからない。「満洲のことを知るには、日本から満洲を見るのではなく、満洲のどまん中に視点を置くこと」という言葉に何かが隠されているにちがいない。わからないが、その先、にワクワクしてしまう。

三月×日　火曜日

望月百合子さんについて、西原さんに尋ねたことの返事が返ってきている。ＦＡＸだ。即答がとてもうれしい。本気で満洲にぶつかっていく気になるのだ。

「彼女には一度だけ会ったことがあります。半日くらい満洲の話をたっぷり聞かせてもらいました」

西原さんも、あの巣鴨の小さな家を訪ねたことがあったのか。望月百合子さんは、絶好の話し相手を前にして、何を語ったのだろう。さっそく、今日は、『限りない自由を生きて』の略年譜のページを開く。望月百合子の満洲を追う。

一九三八年、満洲新聞（和田日出吉社長）記者となる。家庭欄を受け持ち、敗戦までジャーナリストとして活躍。

一九三八年暮れから正月にかけ北満開拓地へ取材旅行したのを皮切りに、満洲各地、朝鮮を歩き回る。折々の帰国の際には取材のかたわら各種会合、講演会に出席、満洲の実情を紹介する。

また、教育にも力を注ぎ、王道楽土を目指した女性のための教育機関——大陸文化学園、次いで丁香女塾を一九四〇年開校する。さらに杏花女子大学の創設を計画し、一万八千坪の広大な土地を確保するが、敗戦となり、計画だけで終わる。

一九四八年、戦後の混乱のさなか新京を脱出、日本へ引き揚げる。

「王道楽土を目指した女性のための教育機関」という大陸文化学園、丁香女塾、杏花女子大学の資料ははたして残されているんだろうか。西原さんは、きっとこのことを聞いたに違いない。もう少し、こちらで調べて、西原さんに会い話を聞きたい。

三月×日　水曜日

週末開催の「五反田遊古会」展の均一づくりに励む。ただ手を動かし、本を縛り上げていく。

三月×日　木曜日

「五反田遊古会」展の荷を運送の平野さんに渡し、ホッと一息ついているところに、西原さんからの封書が届く。望月百合子さんの『大陸に生きる』（昭和十六年／大和書店）の目次と奥付のコピーだ。すばやい対応にただ感謝。巻頭の口絵写真がありがたい。この一枚が、百合子さんの当時の交友録を教えてくれる。

「著者の大陸永住を記念する會」とあり、「昭和十四年三月十五日於レインボーグリル」とある。見ると、出席者はそうそうたる面々だ。芹沢光治良、中村星湖、長谷川春子、長谷川時雨、生田花世、森三千代、円地文子、丸山義二、打木村治、林房雄などなど。中央に百合子さん、四十歳……。

目次に目を通す。

「東満散策記」、「北満散策記」、「女子勤労奉仕隊」、「新京生活抄」、「満洲の婦人問題」。

アナーキスト望月百合子は、満洲をどんなふうに見ていたんだろう。「王道楽土」を本気で信じていたのか。

三月×日　金曜日

雨やまぬまま「五反田遊古会」展が始まる。

今回、アルバイトに来ている藤田くんに声をかけ、いつものように中華料理店「亞細亞」で昼食を。藤田くんとは、もちろん初対面だ。話をしているうち、藤田くんが「ＢＯＸ東中野」という小さな映画館で働いていたこと、いまは古本屋になりたいという話で、なないろさん、九曜さん（九曜書房）ともども大いに盛り上がった。ビールびんが林立していく。

「で、お金はいくら持っているの？」

と、九曜さんが聞いたら、

「一銭もありません」

藤田くんの静かな言葉にたじろいだ。その姿に、十一年前の自分を見ていた。

帰り道、石神井さんの『ボン書店の幻』が話題になり、同書の映画化を考えている越川道夫さんの名前が出ると、藤田くん、なんと、昔、越川さんと一緒に芝居をやっていたという。縁は奇なものとはいえ、驚いてしまった。

三月×日　土曜日

「五反田遊古会」展二日目。ぼくの売り上げはまあまあ、かな。本の撤収まであと一時間。帳場を離れ、みんなの棚をながめることにした。どんな本が売れ残っているのだろう。仕事をさぼり、こうして本をながめるのは、どこか後ろめたくて楽しい。

古書いとうさんの棚から、『三代の男たちと丸岡秀子』（寺澤正／平成十一年／同時代社）を抜く。定価二千八百円、売り値は千五百円。買おうか迷う。丸岡秀子さんにはお世話になった。お金がない時に助けてくれた恩人である。もちろん、お金を直接借りたわけではない。もう四年前になるのか。南部入札市に丸岡秀子の旧蔵書が大量に出たことがあった。失礼ながら丸岡秀子の本は一度として読んだこともないのに、その出方のウブさに目がくらみ無闇に入札した。その落札品の中に丸岡秀子の処女作『日本農村婦人問題』（昭和十二年）の肉筆原稿が入っていた。お金に困っていたので、締め切り間際の「本の散歩展」目録にすぐさま使ったのだった。「丸岡秀子旧蔵書」と題した三ページは、思いがけず完売し、危機を脱することが出来たのだ。現金なもので、それから、丸岡秀子のことはすっかり忘れてしまっていた。

あの時のお礼を、今日こそ果たすべきだ。なのに迷う。ぼくは相当にケチなのかもしれない。序文を書いている詩人・草野比佐男がいさめる。


新婚早々ご主人を喪い、幼いお嬢さんとの生活の自立をめざす丸岡先生が産業組合中央調査部に勤めて、薄給の補いに下宿をはじめたときの止宿人に、一九三二年に治安維持法違反容疑で逮捕され、一年後に執行猶予、そして渡満、だが三年後に故郷の奈良で病没した井田麟一がいた。享年二十七年。

「一九三二年」と「渡満」の文字を確認して、本を閉じた。「三代の男たち」の一人、井田麟一に千五百円を投ずることにした。現在、午後四時半、あと三十分で撤収という戦闘が始まる。

三月×日　日曜日

美央と、蒲田の「くまざわ書店」に行った帰り、店に寄る。早稲田大学の「坪内教室」の生徒、海野くんから葉書が届いていた。

「月の輪さんに教えていただいた『酔いざめ日記』、すごくいいです。読み終わるのが勿体ないので、本の読み惜しみをしています。そんな自分は結構好きですが」

自分がちょっと恥ずかしくなった。早稲田大学への一年留学を終え、京都に帰る海野くんに、「身銭を切って買うべし」とえらそうに『酔いざめ日記』をすすめた自分が。たったいま、身銭が惜しくて、気になる新刊を買わないで帰ってきたばかりだった。息子であってもおかしくない年代の海野くんにガツンと一発やられたようだ。海野くん、『酔いざめ日記』をどこで見つけたんだろう。明日、「くまざわ書店」に身銭を切りに行こう。国弘威雄の名前が懐かしかった。昔、シナリオ教室に通っていた時、話を聞いたことがある。その人のシナリオの技術書に、幼少時の「満洲体験」が綴られていた。読むと、肚の底からしぼり出すような熱い回想記だった。そうなんだ。今度の目録には、いろんな「満洲」を載せよう。

家への帰り道、海野くんに葉書を出した。

四月×日　月曜日

今月十八日に開催される「全古書連大市会」の目録が届いた。一読するが、心が騒がない。『ダムダム』創刊号（大正十三年）、『マヴォ』五号（大正十四年）も出ているのに。今、一番欲しい満洲もののウブロが、目録に載っていないからだ。でも、とんでもないのが飛び出してくるのが、市場の面白いところだ。目録外の出品に期待することにした。

四月×日　火曜日

終日、「五反田遊古会」展注文分の発送作業に没頭する。夜十一時、美央と家に帰る。

趣味展当日

四月×日　水曜日

なないろさんから、「この本、知ってる？」と、先日、手渡された本のことをふと思い出してしまった。こうなると、もうダメ。味もそっけもなく、売る気なんて全く感じられない、よくいっても質素としかいいようのない色あせたピンクの函入本を机の上に置いた。本体を引っ張り出す。もう、外は夕闇だ。今日の仕事を終えた時だ。

『東静無産運動史』（岩崎光好／昭和四十九年／岩崎浪江刊）。

東静ってなんのことだろう。そう思いながら見返しを開くと、ちょっと心が騒いできた。見返し全面を大胆に使った一枚の写真が、これから始まる物語を暗示しているようだ。昭和初年の労働農民党の演説会の写真だ。「家賃を三割値下しろ」という垂れ幕があり、並ぶように演説者の名前が十人つり下げられている。そうか。「東静」とは東静岡のことだったのか。貼り紙の名前を読んでいく。見知った名は、「労働農民党中央執行委員長　大山郁夫」だけだ。サーベルこそ机の白幕で見えないが、壇上の右、臨監席の警官が演説者をにらんでいる。演説者は、写真で見たことがある大山郁夫ではなさそうだ。その演説者の後方に、「勞農手拭　出口で賣ってます御買ひ下さい　壱本十五銭」とある。

労農手帖も、労農バッチも現物を見たことはあるけど、労農手拭というのは初めて知った。どんなデザインだったんだろう。もし、柳瀬正夢が描いたものだったら、これはすごいぞ、とよこしまな考えが頭をよぎる。

そんなよこしまな考えも、妻と娘の回想記を読みすすめていくうちに消えていった。まぶたに涙がたまって仕方がない。あとがきを読んで泣いたのは、生まれて初めてだ。娘は、「無産運動家」の父・岩崎光好を、こんなふうに描いている。

終戦以来、子沢山と貧乏という現実を背負いながら、見果てぬ夢を追っていた父と、そんな夫を理解しながらも、歯痒く、キリキリする思いで見守っていた気丈な母とは、子供の目から見れば、争ってばかりいる両親であった。私が高校生の頃、口論の末に、一週間、十日と父の帰らぬ日があった。母の留守を見計らって、弟を連れ、三島の街を捜し回る。酒屋という酒屋を覗いて歩く。そうだ。小さな橋の袂にあるうらぶれた酒屋で、父は壁に寄りかかってコップ酒を立ち飲みしていた。俺は、絶対に家には帰らないぞ。

赤く濁った目をして父はいった。養子である。家を出て行くのは必ず父だった。

俺はボヘミアンだ。畳の上じゃ死ねない男だ——。

六人の子を持ちながら「青年の気取り」を捨てなかった。終生、ロマンチストで過ごした人である。

また、

家に帰ると、井戸を汲みながら褌をせっせと洗っていた父。下着の始末は妻にさえ任せないおかしな男。胸を病んでいるというのに、毎日、入浴しなければ気がすまない人。近所の冠婚葬祭や集会の時、人に馴染めず、ポツンと群れから離れて爪をいじったりしていた父。

また、

夏の夜は、褌ひとつになって晩酌をするのが父の習慣だ。機嫌のよしあしにかかわらず「インターナショナル」から軍歌まで、気に入ったレパートリーを歌いまくるのも、お定まりのコースである。（中略）ある土曜日の晩、（中略）父は、藤原実定卿の歌を絶唱していた。

古き都を来てみれば　浅茅ヶ原とぞ荒れにける　月の光は隈無くて　秋風のみぞ身には泌む——。

見ると目に涙が光っていて、泣くのはあまり珍しいことではなかったが、何か一瞬、私はシュンとしてしまった。父親っていうのは、悲しい存在だなァ、と中学生の私は思った。いまにして思えば、自分の理想とする高みになんとしても届き得ない現実を、安酒の酔いで逃れながら、毎夜、泣いていたのに違いない。

旧姓・岩崎真奈美、女優・冨士真奈美の感傷の断片だ。岩崎光好は、『東静無産運動史』の出版を夢見ながら「昭和三十三年六月二十四日、梅雨の晴れ間の暑い日」にこの世を去る。享年五十三歳。岩崎光好の青春彷徨時代の短歌が残っている。この短歌を、つぶやき、と呼びたくなってきた。

気がつけば夜明けの泥に倒れてた　若葉の中からまたも憂鬱

味気なく思われた装幀が、実に好ましく思えてきてならない。函についた茶色のシミが、岩崎光好の勲章にも見える。缶ビールを飲みながら、閉じたばかりの本をボンヤリ見つめていた。

四月×日　木曜日

明日から「趣味展」。展覧会で一番好きな本並べの日だ。荷はもう会場に届いているし、やることといったらヒモをほどき、棚に並べるだけだから。集合時間は、午後の五時半。JR御茶ノ水駅に着いたのは午後の四時だ。三省堂に本を探しに行くという美央と別れ、ぼくは缶ビールを片手に弘隆社にないろさんの顔を見に行く。空きっ腹にビールがしみる。やっぱりビールだ。『彷書月刊』の次号特集・殿山泰司の話や中山信行さんの病状の話、一時間がアッという間にたってしまった。ないろさんと神保町の交差点で別れ、すずらん通りを歩く。ホロ酔い気分で、「書肆アクセス」に誘われるように入った。

「ツジ」という姓名が、大きく見えてきた。このところ、「ツジ」という姓の本の背を見かけるたびに、あの時、小沢信男さんが語った「ツジ」氏は何という名前だったかなと思い続けてきた。二年前、河内紀さんの『古本探偵』(平成十二年／北宋社)の出版記念会の席上でのことであった。小沢信男さん、しきりに「いい男をなくした」と繰り返し、嘆いていた。その日、ちょうど葬儀があったのかもしれない。小沢さんの口調は、妙に熱っぽいものだった。ぼくは、酔いがまわっていて、「ツジ」までは覚えたのだが。それ以来、「ツジ」を探し求めてきたのであった。その「ツジ」に出会った。

その本は、店の奥の文芸書のコーナーにあった。「ツジ」は、辻征夫という人だった。詩集が六冊。会ったことはもちろんないが、懐かしい気分になった。これも、小沢信男さんの言葉が頭の隅に二年間、プスプスと発酵していたせいか。結局、買ったのは、詩集ではなくて句集だった。小沢さんの解説が入っていたこともあるが、タイトルに惹かれたのであった。

『貨物船句集』（平成十三年／書肆山田）。

辻征夫のこの句集をひもとく楽しみはいずれ。今日は、本の荷をとかねば。

四月×日　金曜日

「趣味展」の初日。立川の清水さん（清水書店）、畸人堂さん（古書畸人堂）さんたちと昼食をすませての帰り、会場の日本教育会館入口で、西原さんとバッタリ会う。あらあらあら。しめしあわせた訳じゃないのに。「満洲を見つめよ」、天はそういっているのか。

清水さんたちに申し訳ないと手を合わせ、西原さんを誘い、すずらん通りまで歩き、「さぼうる」に入った。西原さんと、こうしてお会いするのは、二月二十六日の「個人授業」以来だ。西原さんはコーヒー、ぼくは生ビールだ。森竹夫のこと。望月百合子さんのこと。仕事中なのに、満洲に夢中になる。

会場への帰り道、ふと、今日がぼくの四十四回目の誕生日であることを思い出した。

永田雅一自筆日記

四月×日　土曜日

朝、目が覚めると、昨日、越川道夫さんからＦＡＸが届いていると美央に教えられる。そのまま店に寄る。前の目録『寺島珠雄私記』に載せた永田雅一の自筆日記の在庫の確認だった。興味を持ったのは、映画評論家の山根貞男さんとのこと。山根貞男さんといえば、ぼくが若い頃に映画批評を愛読した方である。その山根さんが、というのがうれしい。それに、越川さん、ぼくに紹介してくれるというのだ。さっそく、紹介願のFAXを送信する。

寺島珠雄目録を書いた中で、この永田雅一自筆日記の解説を書くのが一番楽しい作業だった。ただたんに日記を写し取る作業だったが、登場してくる人物に、日記が書かれた昭和八年当時の満年齢をつけ加えたのだった。『日本映画監督全集』(昭和五十一年／キネマ旬報社)、『日本映画俳優全集・男優編』『同・女優編』(キネマ旬報社)をめくりながら、日本映画の青春を実感した。日記に出てくる人たちの年齢は驚くばかりだ。永田雅一本人はなんと二十七歳。ちなみに、大河内伝次郎三十四歳、山田五十鈴十六歳、岡田時彦三十歳、山中貞雄二十三歳、溝口健二三十五歳、山上伊太郎三十歳、夏川静江二十四歳、などなど。

田中純一郎著『永田雅一』(昭和三十七年／時事通信社)によると、「昭和八年　日活専務中谷貞頼の信頼を得て、撮影所の総務・脚本・製作三部長に就任。スターの大量引抜きで映画界を騒がす」と。こんな年だ、面白くないはずがない。何で売れ残ったんだろう。五十万円という値段が高すぎたのか。いや、そんなはずはない。無声映画黄金時代を描く第一級資料だもの。山中貞雄が、大河内伝次郎が、山田五十鈴が、「ホラ吹きラッパ」永田雅一の淡々とした筆致の中で躍動している。書き出してみる。

三九〇三　永田雅一自筆日記（ペン書）　永田雅一27才！　昭8　　五十万

○「午前中、盤嶽の一生の試写を見る。社長も来所。試写後、カットの相談す。山中監督と次回大河内主演物を相談す。犬塚班弥太郎しぐれ旅製作本読す」（6月11日）

○「午後七時半、長崎屋にて大河内氏に逢って浜作に行き食事して伊藤大輔入社の件にて相談す。帰宅十二時」（6月20日）

○「伊藤監督の件にて時代劇辻（吉朗）、清瀬、渡辺（邦男34才）氏と相談す。OK。社長来所。大河内を呼んで伊藤監督の件にて所長と共に打合す。七時帰宅。八時より浜作にて田村氏及伝明氏、阿部氏と逢ふ。夜食を共にして交潤社に行き、中野英二、川口松太郎（33才）氏と逢って川口氏より〝子分小笠〟版権を取る。田村氏に千葉永昌堂にてパナマ帽を送る。十時より松井に行き一行夜中二時迄語る」（6月21日）

○「午前中、山中監督に電話したが不在。鈴木（重吉）監督本読す。〝青春無情〟。川口松太郎〝子分小笠〟原作料三〇〇円渡す。山中監督に伊藤大輔の件にて相談す。OK。滝沢（英輔30才）氏も話す。午後四時半より六時迄伊藤監督復社、大河内、山中監督、幹部会見円満解決す。十時十四分社長東京行き、駅に見送る。常務も来る。伊藤監督に報告をなし次回作品打合す。川口松太郎氏も帰京。十時半帰宅」（6月22日）

○「専務、本社より電話あり。伊藤監督、鼠小僧と決定すること。杉山昌三九（26才）主演にて辻監督にさす事。三浦技師と千葉監督の件を語る。伊藤監督来所。作品の件にて打合す。鼠小僧と決定。明日正午返事する事を約す。夏川静江（24才）及家の人々とスタヂオにて会見。本人の演出の件及次回作品の件。東京行進曲トーキー化の件を語り今月中返事する事を約す。幹部に報告す。大河内氏より電話、伊藤班の打合す。午後六時、笹井末三郎氏来る。マキノ家の件及人件費節約の事にて相談す。午後九時より末三郎氏池永氏同伴浜作に行き夜食」（6月23日）

○「伊藤監督作品の事にて幹部会にて討議、本社にも紹介の結果、一回作品月形半平太と決定す。山中監督は鼠小僧と決定。牛原監督、鈴木重と語る。行友季風（56才）宅に電話す。サンデー毎日柄沢（広之）氏と語る。午後六時半池永氏と共に帰り自宅立寄帝国館に行き万養軒に坂巻（辰男）氏送別会に行く。各新聞社、記者諸氏及スタヂオの幹部連出席。九時より二次会下河原玉半に一行行く。十一時池永氏と共にスタヂオへ試写。荒井（良平31才）班〝竜造寺大助〟所長と共に見る。行友氏より返電あり。夜中二時終り、帰宅二時半」（6月24日）

○「午前中、溝口（健二）夫人来宅。大竹氏の件にて。スタヂオへ。西村氏に月形（龍之介31才）の返事を聞く。玉木（潤一郎）氏と宣伝の件打合はす。鎌倉林不忘氏に丹下左膳原作料三千円送った。田村道美氏より手紙来る。午後六時、峯吟子（24才★夫の田村亮平満洲赴任のため退社）来所。所長、次長、池永、大久保諸氏と本人送別会を中村家にて催す。午後九時迄。九時より〝峠三里〟犬塚班の試写す。帰宅十二時半。大河内氏に二年間済契約金一万円也を渡す」（7月26日）

○「午前九時半、所長より電話にて朝日紹介ダーグラスの件を聞く。滝口新太郎（20才★のち岡田嘉子と結婚）と逢ってレヴューの件を話す。玉木潤一郎と語る。月形の件。四時から五時迄杉の家にて月形龍之介と会見。一身上の相談す。五時半スタヂオに帰り所長次長に報告す。常務と電話にて月形龍之介の件を語る。米国俳優ダグラス来所見学。帰宅二時半」（7月28日）

○「伊藤監督に月形半平太監督料を千四百円渡す。広瀬恒美に大学の唄演出料百五十円渡す」（8月10日）

○「午前十時、本社に行く。都新聞社小林君来所。東京の意気を聞く。五時半より目黒雅叙園に行く。如月、佐久間、水島、高橋、押山と中外足立、都小林、国民佐伯、読売小野、報知中代、時事平尾諸氏と談合、宣伝及日活の今後の事にて十時迄、十時半より銀座タイガーに行き、新仲にて夜中一時迄一同遊ぶ。帰宿一時半」（8月14日）

○「午前中、小国（英雄29才）に内金五〇円。脚本東京哀歌。田口（哲30才）班銃後に咲く、製作本読す。山中監督と鼠小僧撮影促進にて相談す。六時、都ホテル文化婦人協会雑談会の為、伝明、牛原、伊達（里子）、夏川（静江）出席さす。七時半より第一梅にて宮島資夫出版記念会（『続篇禅に生くる』）に出席。（笹井）末三郎氏と逢って語る」（12月9日）

いかん、いかん、読みほれている場合じゃない。「趣味展」も二日目、午後の七時には何事もなかったように日本教育会館の会場を片付けなければならない。売れ残った本をしばるのは考えただけで気が重い。それでも、みんなと食べる昼食はうまい。いそがなければ。午前十時、池上線蓮沼駅へ走る。

四月×日　日曜日

うちにやって来てから、一日として池上本門寺への散歩を欠かさぬ母だ。もう本門寺通である。その母から、五重塔落慶の春祭りに行くようすすめられる。美央と新しく出来た、傾斜のゆるやかな女坂を登り、お参りする。やっぱり、階段は少しぐらい急じゃないとありがたみがないかな。屋台も出ていてお祭りらしい。大修理で改悪されなければいいのにと期待しないで見上げた五重塔は、つつましい出来上がりで、自分のものでもないのに、誰かに自慢したくなってきた。

いつものように、露伴先生の墓にあいさつ、ちょいと手にしたビールをかけ、本堂裏の「大骨董祭」をひやかす。河鍋暁斎の明治期の和本を手に取っていると、店の人に「神田の古本屋で五十万円はするよ」とふっかけられる。どうみても二、三万円にしか思えない虫くいだらけのその本の売値は十八万円と出ていた。気がつくと美央を見失っていた。境内を探し歩くと、インド人のお店で熱心に指輪を見ていた。声をかけると、そのまま六千円が消えた。帰り母へのお土産、本門寺クッキーを買う。

四月×日　月曜日

「趣味展」から戦いを終えた荷が戻ってくる。ダンボールを開けると、初日、帳場仕事をさぼり、紅谷さん（紅谷書店）の棚をながめていた時に見つけた大ぶりの本がひょいと顔を出した。本を買ってくれた人への送りを早くやらないといけないのに、その一冊に引き込まれていく。

『私の敵が見えてきた』（多田謡子遺稿追悼文集／昭和六十二年／編集工房ノア）だ。

富士正晴の「汚れなき純粋な育ちをしたことの不倖せの感あり」の帯文の上には、大きな字で「二十九歳夭折女性弁護士生涯の思い出と仕事」とある。富士正晴、不倖せ、夭折、の三文字で迷わず買うことに決めたが、その時、ページを開いて正直とまどった。ページの上段にふんだんに取り込まれた写真、そのぼくを見つめる屈託のない笑顔の数々に。写真に添えられたキャプションには、驚きさえした。多田謡子二十四歳の水着姿の一枚は、こんなふうだ。

「一九八一年夏。沖縄でのヌード。Cカップの威風堂々」。

遺稿集にそぐわぬ、悲しみばかりが追悼じゃないよといわんばかりの、この表現はなんだろう。親はこんな言葉を受け止められるものなのか。遺稿集の概念を突き破る言葉を容認できる親とは一体何者なんだろう。こんなキャプションもある。ぼくでさえ知っている顔の外国人の老夫婦とのワンショットだ。

「一九六四年　サルトルさんとボーヴォワールさんが団地の自宅を訪問。香里ヶ丘文化会議の努力で出来た公立保育所を見物。右端で鼻をかいているのは加藤周一さん」

小学二年生で、直接、サルトルやボーヴォワールと会った人は稀だろう。キャプションを書いたのは多田道太郎。多田謡子は多田道太郎の娘だった。とまどいが、氷解してじんわり胃の腑に落ちてくる。聴衆の一人として一度だけ遠くから見つめた容貌魁偉な多田道太郎の身振り手振りを思い出す。

よし、今日は、この破天荒な遺稿集の読破に取りかかろう。笑顔のうちに秘められた「不倖せ」とは何だろう。送りは、明日やればいい。今日はじっくり「獄中の過激派」から「女神」と呼ばれた、弁護士の謡子先生につきあうのだ。ぼくより一歳年下の「ダンボ」とあだなされた女性に。

四月×日　火曜日

午後の六時、フラリと著述家の木本至さんが、店に現れた。直接、お会いするのは二回目で、多分、四年ぶりじゃないかなあ。お顔を拝見して、まず思い出したのが、『オナニーと日本人』（昭和五十一年／インタナル出版）だった。そこで、あいさつもそこそこに、棚から引き抜いてサインをお願いする。だが、ぼくは一度もしたことがないからとやんわり断られる。そのはにかみが、実に好ましく思えた。ごり押しせずに本を閉じる。『オナニーと日本人』が話の呼び水となって、今日、木本さんに買ってもらった『カフェー』（昭和四年／文化生活研究会）の著者・村島帰之の話、息子の村島健一の編著に父母の往復書簡があり、それがカッパ・ブックスに入っている話、木本さんが、『評傳宮武外骨』（昭和五十九年／社会思想社）を書いて貧乏になり、貴重な本を売ってしまったという話、『広域暴力団山口組殲滅？年史』という本があるという話、古本は探す過程が楽しいという話、……話が話を呼び話題はつきないのだ。今日、ここに来たのは、現物をこの目で見て納得して買いたかったからと話し、「本の装幀は時代を写すからね。この装幀はいいね」と。著者の村島帰之でもないのに、ぼくがほめられたようでうれしかった。

しかし、今日のハイライトは、なんといっても木本さんが『女性自身』の編集者をやっていた時代の〝戦友〟竹中労の話につきる。店の奥から取り出してきた『女性自身』をめくりながら、木本さん、竹中労を「タケさん」と呼び、淡々と想い出を語って下さった。

○酒を飲むと説教魔になる話。飲みに行ったところのホステスの身の上相談にのり説教をする。ホステスもまた素直に聞く。タケさんは話がとにかくうまかった。

○『女性自身』編集部には、タケさんグループの他に、草柳大蔵グループ、○○グループといった、いわば独立愚連隊のごときフリーのライター集団が技量を競い合っていた。

○『女性自身』では、人気のバロメーターを読者アンケートではかり、アンケートで評判のよかった執筆者にはページが多く与えられた。ある時、編集長がトップを取った者には賞金を出すといいだし、タケさんグループが取る。これは楽勝だ、次も取るぞと勢い込んだが、賞金レースはこの一回ポッキリに。

○タケさんは、与えられた取材対象がどんなものであれ、とにかく一生懸命書いていた。いまでも忘れられないのは、山田五十鈴の取材の時、タケさん、尊敬のあまり緊張して震えていた。同行したカメラマンから聞いた話だ。

○ちょうど南條範夫の小説がヒットし、××残酷物語という言葉が流行った頃、うちでもやろうということになり、企画を編集長の井上清が出し、タケさんが大杉栄を書いたことがある。七ページの力作で、女性週刊誌であんなことを書ける時代があったんだ。タイトルは忘れることなんて出来ないよ。「屍が野に朽ち果てんとも」！　その時の担当編集者がぼくだった。『女性自身』創刊の昭和三十五年頃の話だ。

「あんな人はもう出てこないよ」とつぶやき、木本さんは帰られた。「タケさん」という木本さんの言葉の響きがとても心地よく印象的だった。

四月×日　水曜日

夕方、美央から電話。蒲田に古くなったCDを売りにいったところ、思いがけず九千円を超えたという。ついては食事をご馳走したいという、ありがたいお誘いだ。もちろん、オーケー。夕暮れの中、蒲田駅を目指して自転車を飛ばす。

待ち合わせの場所、「くまざわ書店」で、勢いにまかせ本を二冊買う。ぼくの懐があたたかくなったわけでもないのに。一冊は、坪ちゃんに二カ月前、現物を見せてもらったシブイ本『吶喊映画記者』（浅野潜／平成十四年／ブレーンセンター）。巻末の親子年表が楽しめそうだ。著者の浅野潜の父は浅野孟府、往年のアヴァンギャルドだ。もう一冊は、『映画は陽炎の如く』（犬塚稔／平成十四年／草思社）。これは、「林長二郎切傷の真相」と「永田雅一という仕事師」の二つの章に惹かれて求めた。しかし、失礼ながら犬塚稔がまだ生きていたとは驚いた。一九〇一年生まれということは、七年前に亡くなられた古河三樹松さんと同い年、三樹松さんも生きていれば百一歳なのか。それはさて、百歳とは思えぬ記憶力と読み手をぐいと引き込む筆力に脱帽する。さすがは、映画「座頭市」を創りだした名脚本家だ。

駅ビルの中華店で美央にご馳走になる。

ある休日の一日

四月×日　金曜日

池田くん（泰成堂書店）の古書目録二十六号が届く。満洲のところを開く。その六ページから一歩も離れることが出来なくなった。行ったり来たりだ。「ぼくの満洲」に、取り入れたいものにカンで赤印をつけていく。ある時、児童文学者の上笙一郎さんが「わからないから買うんです」と、ぼくに語った言葉をふと思い出していた。現物を手に取ればいけるかどうかは判断出来るのだが。しかし、いまは、タイトル、著者、発行年、値段という一行から判断するしかない。古本を買うには勇気がいる。うちのお客さんも勇気をふりしぼって注文してくれてるんだろうなあ。赤印をもう一度再考する。見落としがないよう逆からつぶしていく。

受話器を握り、注文番号を読み上げていく。一番欲しかった、森竹夫の著書は、幸いなことに在庫はあった。そのまま、池田くんと雑談だ。メール便の発送は郵便と違い、相手先への目録到着にばらつきがあり、そのことを気にしている。ぼくは、目録発送から一週間たってやっと到着したお客さんに怒られた話をした。

受話器を置き、目録の中の「ご挨拶」を読む。神保町で開業した頃の苦労話を淡々と綴っている。その努力の結晶がこの目録だ。池田くんは文才がある。また「ぼくの満洲」の見落としがないかもう一回読む。あった。あわてて追加注文のＦＡＸを送信する。「満洲開拓の父」と呼ばれた『加藤完治先生』（日本国民高等学校協会編／昭和三十一年）。どうして満洲に置かないんだよと思ったが、よく見ればちゃんと「農業」のところに置いてある。たしかに、彼は篤農家だ。視野は広くもたなくちゃなあとちょっと反省。

四月×日　土曜日

この四月から取り始めた『東京新聞』で、まず一番にチェックするのが死亡記事だ。今朝、中薗英助の死を知る。ほんの半月前、色紙を売ったばかりだ。享年八十一歳。以前、『北京飯店旧館にて』を好ましく読んだ記憶があり、ちょっと淋しさを覚える。

午後の二時、五反田入札会から戻る。一冊、とても気になる本があった。無論未知の人、中野重治と関係があると跋文だか序文に記されていた。題名も、著者名も忘れてしまったが、買えていたらうれしいな。

午後の二時半、石神井さんに電話。京都の画家・林哲夫さんの個展「存在からの創造II」（於ギャラリー柳井）に行く日の打ち合わせだ。会期は今月二十七日から五月十二日まで。一日の水曜日に決める。続いて、坪ちゃん、ないろさんに連絡する。二人ともオーケー。その後で会場のある六本木で飲む、というのが面白い。だって、六本木で飲むなんて考えたことなんてないんだから。念のため、京都の林さんに電話をかけて、当日の都合を聞く。こちらも問題はなかった。

四月×日　日曜日

休日。

夕方、甥っ子の直也から電話だ。食事中なのか、談笑する母の声も聞こえてくる。この四月から小学校に上がったお祝いに「キッズ商品券」を贈った。どうやら、今日、ゲームボーイのソフトを買ってきたようだ。中学生になった時は、図書券を贈ろうかな、と思った。

夜、小津安二郎の「お茶漬の味」（昭和二十七年／松竹）を観る。佐分利信はうまい。十年程前、一度、沼袋の自宅に本の整理に行ったことがある。朝十時、南部古書会館集合で、運送の平野さんのトラックに乗り込んだ。五、六人だった。乗り込んだといっても、ぼくは助手席からあぶれて、後のホロの中、何だか映画「けんかえれじい」（鈴木清順監督）の河原での決闘へ乗り込むシーンみたいで、一人興奮したのを思い出す。古本屋を始めたばかりで、金がなく、荷主の一日一万円の甘い言葉に乗ったのだった。佐分利信の書斎は思いのほか質素だったが、本棚にはみっしり本が入っていた。組合の二トントラックが満杯になったはずだ。二階の部屋から本をトラックまで運び出すしんどさをビデオを観ながら思い出した。種々雑多、硬軟とりまぜの「読書家」の棚だった。いまでもはっきり覚えている本が二冊あり、一冊は『小津安二郎人と仕事』（昭和四十七年／蛮友社）、もう一冊が『方代歌集』（昭和三十年／山上社）で、特異な歌人・山崎方代の名をこの時初めて知った。

その佐分利信の妻役の木暮実千代の演技にもうなった。この時、三十四歳という年齢にはなお、うなった。うまい。木暮実千代ともちょっとだけ縁があって、昭和三十年代の渡欧記念アルバムを市場で買ったことがある。夫の和田日出吉との愛にあふれた生写真帳だった。いま、手元にないので売れてしまったのだろう。あれば、今度の目録「1932」に使えたのにと少し悔やまれる。和田日出吉は、満洲時代の回想記を遺さなかったのだろうか。もし、追悼文集があれば手に入れたい一冊だ。満洲新聞社理事、満映常務理事の役職にもついた男だからだ。木暮実千代は、夫のいる新京へ昭和十九年十二月に渡り、敗戦をその新京で迎えている。あの写真帳は、いま、誰が手にしているんだろう。

李奉昌事件予審訊問調書

五月×日　土曜日

久々の日記だ。

昨日、母に同行しての国立がんセンター行。抗がん剤治療でいったんはわからないほどに小さくなったがん細胞が、わずか一ヵ月ほどで復活していたのだ。このまま消えてしまうのではないかという甘い期待が見事なまでにうちくだかれてしまった。今月末からまた別の薬による治療が始まる。一からの出直しだ。

「人間だれでも一度は死ぬんじゃから」と言い、ことさら明るくふるまう母の姿が見ていてつらい。

一からの出直し。

生活に流され、放置していた『李奉昌事件予審訊問調書』を引っ張り出す。

もし、いま、ぼくが倒れても、この生資料の解説さえ描ききれば悔いはない。本当は、目録の一番最後にのんびりと時間をかけてと悠長なことを思っていたが、昨日のこの目で見たがん細胞の生命力で考えを変えた。一番書きたいものから書く。何が起こるかわからない。枝葉ばかりに気をとられ、肝心の李奉昌の言葉を写し取れないでは、この一年の苦労が無に帰してしまう。「極秘」と表紙に書かれた『李奉昌不敬事件概要』（内務省警保局保安課／昭和七年／三十一ページ）や『外櫻田町ニ於ケル警衛事故ニ関スル件』（内務省警保局警務課／昭和七年一月／二十五ページ）を後に回し、李奉昌その人の言葉に耳を傾ける。

午後二時から読み始める。どの言葉を目録に生かすかあたりをつけるため付箋を貼っていく。続いて李奉昌の言葉が耳に残っているうちにと、「事件」に引き込まれた三十六人の証言が綴られた『證人訊問調書』にとりかかる。読み終えたのは、深夜十二時。いつの間にか店の前の歩道を雨が叩いている。

朝鮮独立運動の「英雄」「義人」「烈士」といった、ぼくの勝手な思い込みが消え、きわめて人間臭い李奉昌が浮かんでくる。意外なことに、あれほど李奉昌の言葉、言葉、言葉と思い込んでいたのに、リアリティーをもってぼくをとらえたのは、この三十六人の証言だった。もちろん、「調書」という特殊な記録であることは頭でわかっているつもりだ。李奉昌の言葉は歪められているかもしれない。言いたくもない言葉を吐かされたのかもしれない。多くの言葉の背後には拷問もあったに違いない。それを割り引いても三十六人の淡々とした証言である。目録のトップシーンは、『證人訊問調書』から入ることにしよう。

●浅草区松清町「尾張旅館」番頭・瀬沼清太郎（47歳）の証言

「其ノ人ハ昨年（昭和六年）十二月二十二日カラ本年一月六日マテ私方ニ逗留シテ居リマシタ　来タ時ハ自動車テアリマシテ「オーバー」ノ下ニ洋服ヲ着鳥打帽ヲ冠リ黒ノ短靴ヲ履キ赤革ノ中型「トランク」一箇ト「バスケット」一箇ヲ携帯シ来タリ宿ヲ頼ムト申シマシタ身長五尺四寸位頭髪ヲ長クシテ分ケ細面テ色浅黒ク無口ノオトナシイ人テアリマシタ　関西弁ヲ上手ニ使ッテ居タノテ関西ノ人ト許リ思ッテ居リマシタ」

●川崎遊廓「玉木樓」娼妓・藤井静江（24歳）の証言

「（昭和七年一月）七日夜又参リマシタ　オ一人テアリマシタ　樓ニ這入ッタ飴ヲ二ツ持ッテ参リ私ニ土産タト云ッテ呉レマシタ午後八時頃テアリマシタ台ノ物テ酒二本飲ミ六円九十銭支払ヒ午後十時半頃床ニ入リマシタ　敵娼ハ矢張リ私テアリマシタ　ソレカラ十二時頃一人テ出掛ケ何処カテ一杯飲ンテ来タラシク八日午前一時半頃帰ッテ参リマシタ　其ノ時大福餅ヲ買ッテ参リマシタ　ソレカラ別ニ変ッタコトモナク翌朝八時少シ前頃オ帰リニナリマシタ

何カ箱ノ様ナ五寸四方位ノ四角ノモノヲ包ンタ鼠色メリンスノ風呂敷包ヲ一ツ持ッテ居リマシタ　私カ何テスカト聞イタトコロ見テハナライモノタト云ッテ居リマシタ」

●東京市道路工夫・櫻井金太郎（33歳）の証言

「其ノ日（昭和七年一月八日）ハ　天皇陛下カ代々木練兵場ノ観兵式ニ御出ニナルノテ御道筋ヲ清メテ置ク為メ午前六時半頃カラ赤坂見附ヲ中心ニ山王下カラ一ッ木通リ辺マテニ亘リ掃除ヲシタ上砂撒ヲシタノテアリマス

（中略）天皇陛下カ既ニ練兵場ニ行幸ニナリ私達ノ仕事モ一寸切目ニナッタノテ私ハ他ノ工夫ト共ニ赤坂見附ノ公設市場ト其ノ隣ノ東京市電気局出張所トノ間辺ノ歩道ニ立ッテ居リマシタ　スルト其ノ両建物ノ間ノ露路カラ一人男カ出テ参リ私ニ天皇陛下ハ何時頃御通リニナリマスカト訊ネマシタ

ソコテ私ハ陛下ハ既ニ練兵場ニ御出ニナッテ了ッタカ午前十一時半頃ニハ又此処ヲオ通リニナルテセウト答ヘマシタ　スルト其ノ男ハサウテスカト云ッテ又其ノ露路ノ方ヲ引返シテ行キマシタ」

●赤坂区「一ツ木食堂」女中・伊藤松野（29歳）の証言

「其御客サンハ表口カラ這入ッテ来左側ノ奥ノ方ノテーブルニ脚ヲ掛ケマシタカラ御用ヲ伺ヒマシタラ蛸ノ酢ノ物ヲ注文サレマシタ

朝カラ御酒ヲ上ル客ハ滅多ニアリマセヌノテ私ハ御飯テスカト御訊キシマシタラ然ウヂャナイ御酒ヲ一本下サイトノ事テシタカラ酢蛸一皿ト一合入日本酒一本ヲ出シマシタ　スルト其客ハ観兵式ノラヂオヲ掛ケテ下サイト云ヒマシタカラコックサンニ頼ミ二重放送ニシテ貰ヒ

マスト御客サンハ観兵式ノラヂオヲ聴キ乍ラ飲食シテ居リマシタカ其間ニ更ニ御酒二本トチャアシュウ一皿ヲ注文サレマシタカラ出シマシタ

観兵式ノ放送カ終ルト便所ヲ貸シテ下サイトノ事テシタ　然シ上便所ハ靴ヲ脱カナケレハナラヌカラ面倒タト申サレタノテ裏ノ方ヲ教ヘテ上ケマシタラ隣ノ演芸場トノ間ノ路次ノ溝ニ用便シテ帰リコーヒーヲ一杯飲ムテ勘定ヲ訊カレマシタカラ九十五銭テスト申上ケマシタラ一円出シマシタカラ御剰ト云フテル内ニ其客ハ出テ行カレタノテアリマシタ

処カ三分間モ経ッタ頃戻ッテ来忘レ物ヲシタト云ヒマシタカラ私ハ何テスカト云ヒ乍ラ出テ行キマシタラ御客サンハ自分テ以前ノテーブルノ下棚カラ風呂敷包ヲ持ッテ出テ行カレタノテアリマシタ」

●自動車運転手・西村勘太郎（29歳）の証言

「客ハ鹵簿ヲ拝観スル積リテ赤坂見附ニ来タカ僅カナ違テ拝観カ出来ナカッタカラ拝観ノ出来ル所迄大急キテ行ッテ呉レト申シタ丈ケテ何処迄ト云ウ約束ハ致シマセヌテシタ

私ハ其客ヲ乗セ直チニ車ノ方向ヲ変ヘ赤坂見附ノ坂ヲ上リ永田町通ニ出マシタ　処カ永田町カラ裁判所ト海軍省トノ間ニ降ル道路ハ交通遮断ニナッテ居マシタ故左ニ曲リ参謀本部前ノ道路ヲ降リマシタ処新宿又ハ青山方面行ノ電車ノ通ッテ居ル道路トノ交叉点テ警衛ノ巡査ニ制止サレマシタノテ其処テ其ノ客ヲ下車サセマシタ

其客ハ車ヲ降リルト警視庁脇ニ沿ウタ歩道ヲ同庁舎ノ方ニ向ヒ小走リテ行キマシタ」

●宮内技手・佐々木卯三郎（41歳）の証言

「前騎タル私カ警視庁正玄関ノ横手ニ差掛ッタト思フ頃私ハ警視庁正玄関前ノ拝観者ノ群カラ一寸白ク見エルモノカ弾道ヲ描イテ鹵簿ノ方ニ飛ンテ来ルノヲ見マシタ　其ノ弾道ハ最モ高イ所テ地上ヨリ五米突ニモ達シテ居タ様ニ思ヒマス

私ハハテナト思ヒ其白イ物ヲ注視シマスト夫レカ才二台目ノ馬車即チ宮内大臣ノ乗ッテ居ル馬車ノ後尾ノ方ニ当ッタ様ニ見エマシタ　而シテ夫レカ更ニ其処カラ地上ニ落チタト思フ瞬間ニ爆音カ起リ白イ煙カ見エマシタ」

二〇〇四年、主役を変える

二〇〇四年二月×日　月曜日

午後四時三十分、母、上京す。国立がんセンターの定期検診。抗がん剤投与をしていた時よりふっくらして顔色もいい。一見すると健康そのものに見える。でも、がんはひっそりと棲みついている。時折、自己主張もするらしく、今月に入って左脇腹のシコリが痛むという。自転車で二人乗りして、池上の町中をゆく。月一回の親孝行。こんな送り迎えしか出来ない。

抗がん剤治療　二クール　　飲み薬（新薬）治療　一クール

がん発見よりもう二年と半年が過ぎた。おそれおののいた「癌」「ガン」「がん」の文字にも鈍感になってきた。

「様子見」と先生から言われて、何もしない状態が六カ月続いた。その間、母は田舎に帰って、こうして月に一度、東京に検診にやってくる。明日あたり、治療再開が告げられそうな予感あり。リンパ腺に宿ったがんが自然消滅するなんてありえないもんな。次は放射線治療だろうか。

午後六時、目録第五章「五・一五事件」の原稿を栄光社に送付する。あとは第四章「川村竹治――予審訊問調書旧蔵者」を残すのみ。ちょっと、〝卵〟をあたためすぎた感はあるが、この川村竹治を書けば三年ぶりに自家目録が出ることになる。タイトルは、「特集「李奉昌不敬事件」予審訊問調書」。

主役を川村竹治から李奉昌に代えた。昨秋には出す予定だったのに、またしても、思いのほか手間どった。ちょうど、一年前に作った目録の構成表が手元にある。貼りあわせて巻紙にした時には、すぐにも出せそうな勢いだったのに。「二〇〇三・二・十九（水）作製」とある。

「特集★「李奉昌不敬事件」予審訊問調書」構成メモ

まずトップに木山捷平の『酔いざめ日記』から、次の文を引用して置く。

一九三二（昭和七）年一月八日、金。

朝風呂にゆきひげをそる。午後三時すぎ、農林省営林局に倉橋を訪ね不在。内務省に佐伯を訪ねる。今日観兵式還幸の鹵簿《ろぼ》に爆弾を投げし男あり。場所は警視庁前の由。内務省大さわぎなり。巡査が号外、新聞を没収しつつ街をあゆめり。犯人李奉昌。夜、倉橋宅で草野、長田にあい、後二人でダンスホール日米に行き二十分ばかり見物。はじめてなり。二人で銀座をあるき、新橋駅前「おとくさん」でおでんをくらいて別れたり。

その後はこう並べていこう。


［プロローグ］一九三二（昭和七年）五月十四日——「五・一五事件」前日。

司法大臣・川村竹治、豊多摩刑務所を訪問（視察）す。↑生資料あり（川村竹治旧蔵であることを明記する）。

豊多摩刑務所には、李奉昌が収監されている。そして、五月十五日、般若豊（埴谷雄高）、豊多摩刑務所に収監される。


［I］李奉昌予審訊問調書↑生資料あり。とし、「リホウショウトハナニモノカ?」とルビを。

ここで背景を描く。

植民地朝鮮の現実、歴史——独立運動文献。

日本に渡っての労働、放浪——貧困・貧民文献。

上海で爆弾を手に入れる——一九三〇年代上海文献。ここに魯迅!

●独立運動文献は「上海」につなげる。李奉昌の「言葉」の挿入だが、それは抑え目に出す。
［Ⅱ］（豊多摩）刑務所にいた人たち。

左翼（コミュニスト）運動文献。大逆事件文献もここに入れるか？――特高文献。

獄中記――ここに、スリ・犯罪者文献は？　やめよう。広げすぎないこと。

刑務所をつくった人。さて、港やくんのところに、この豊多摩刑務所の設計者・後藤慶二の遺稿集が七万円で売っている。買うべきや……。
●生資料に記載されている収監者名をピックアップする。『近代社会運動史人物大事典』に載っている人に限ること。無名の人の人権に配慮せよ。
［Ⅲ］もうひとつの一九三二――『石川利光自筆日記』を中心に。青春の系譜。

ちなみに、石川の五・一五事件前日の日記。

「カジノフォーリーを後援するの会、CF会へ出る。

一時より八時まで、フォーリーの中にくすぶる。札とりをやって見てユカイになる。夕飯は地下食堂。山路照子、望月美恵子、花田鈴子、吉江よし子、松山浪子、永井美奈子等来る」

石川利光十八歳の自筆日記。石川とは昭和二十六年、『春の草』で芥川賞を受賞した作家。この石川の第一早稲田高等学院生時代のもの。一月一日から九月六日まで全四百ページをつかいきっている。

巻末の金銭出納録欄を「原稿欄」と書き改め、執筆メモを書き記している。こうある。

〈作品名〉	〈発表誌〉	
徳利	夜光虫	15枚
アリラン	未発表	21枚
埃風	夜光虫	29枚
ブランコの実験（コント）	貿易風	6枚
雨降りの散歩	創　作	25枚
杞憂	貿易風	28枚
欺された男	貿易風	

二月十三日はこうある。

「夜七時より銀座明治製菓二階で「先行シナリオ作家スクラム」に出席。十一時頃まで色々の事を計画す。出席者は、高橋鉄、大林清等、多数。僕も初めて、こんな会へ出た」

八月十七日。

「僕は何故弱いんだ。

何故弱いんだ。何故、こんなに弱くなったんだ。

昨日も、一昨日の新聞にも石川家の事が麗々しく書かれてあった。それは、石川家をたたえ、われわれ三人兄弟を世にも秀才と書いてある。世の人々は、僕達の将来をしょく望してゐてくれるのだ。

だが、これでいいのか。
女との愛欲に溺れて。
いや違ふ、違ふ、断じて違ふ。
女をせめてはならない。僕が弱いんだ。
何故、僕はなまけるのだ。
父母は、僕達の将来をたのしみにしてゐる……
女をせめてはならない。僕が悪いんだ。
苦しめ、苦しめ。僕一人で苦しむんだ。
試練と思へ。修業と思へ」
●この日記からは、抜き書きをふやすこと。風俗、地名、店名、人物などなど。学生の日常も。「女との愛欲に溺れる」日常も。そして、こう続けようか。
エロ・グロ・ナンセンス関連の文献
一九三〇年代の東京——浅草文献
カジノフォーリー・武田麟太郎・高見順文献
●この章のラストに、石川利光旧蔵の戦時下「学徒勤労動員」生資料をもってきてしめるか。
石川は、この日記の十年後、「挺身隊」の教官になる。その挺身隊日記（昭和十七年）を。青春の終わり。

［Ⅳ］司法大臣・川村竹治――李奉昌予審訊問調書を持っていた男

●ここに、去年整理した川村の経歴を入れよう。文献はこんな感じで置こうか。

頭には略年譜。

大正七　内務省警保局局長（原敬内閣）――原敬関連文献↑原敬の刺客・中岡艮一の予審調書あり

大正十一　第八代満鉄社長（～大正十三年六月二十二日）――満洲文献（旧蔵満鉄生資料あり）

大正十二　関東大震災――大震災文献（朝鮮人虐殺）

妻・川村文子のこと（震災を機に女子教育に「邁進せんといふ決心」のもと、川村女子学院を創設。大正十三年四月十二日）

●ここで、朝鮮人虐殺から「アナキズム文献」「南天堂文献」「ギロチン社文献」。そして、川村文子に流れるように「女性解放運動文献」か。

昭和三　台湾総督（旧蔵生資料あり）植民地台湾文献　井伏、里村ら徴用作家を出すかどうか。

昭和七　犬養毅首相時の司法大臣

［エピローグ］五・一五事件（一九三二年）

犬養毅文献
右翼文献
二・二六事件——凶作文献（東北地方の身売り）・テロリスト文献《れつでん》

そして、最後はこうかな。


李奉昌の「予審訊問調書」より抜粋。

「私カ死ヌ覚悟テ天皇陛下ノ御命ヲ頂戴仕様ト思フテ遣リマシタノニ爆弾ノ威力カ少ナカッタ為メニ遺損ヒマシタコトヲ残念ニ思フテ居リマス」

木山捷平『酔いざめ日記』の十月一日より。

「大逆犯李奉昌に死刑の判決下る。今朝大審院法廷で。桜田門外大逆事件の犯人李奉昌（日本名浅山昌一）三十二歳は三十日午前九時十五分大審院刑事一号の大法廷において和仁裁判長より刑法七十三条により左の如く断罪死刑の宣告を言い渡された、云々。困窮、自暴自棄の末、民族的邪推に陥る。上海で矯激な煽動を受く、云々。坐骨神経痛灸6×50—300。」

「李奉昌　死刑
　一九三二年十月十日　市ヶ谷刑務所にて死刑執行」

こうして、一年ぶりにこの巻紙をながめると、歯抜けになった本も多々ある。でも、骨組みだけはなんとかギリギリもちこたえたかな。あと一ヵ月半、目録の起点になった川村竹治に取り組もう。なんだか、すっかり忘れていた旧友にばったり町中で再会したような妙な気分だ。棚の川村竹治関連資料もホコリをかぶっている。

手始めに、半年前に書きあげた川村台湾総督時代の原稿を引っ張り出す。一体、いつ、川村竹治は台湾に行っていたんだっけ。巻紙を追う。このところ、「五・一五事件」で頭がいっぱいだったから本当に思い出せない。

二月×日　火曜日

午前九時、国立がんセンター。母、美央と三人で。左脇の下のがんはこの一ヵ月で一回り大きくなった由。来月からまた一クール半年間の治療の開始。第四回目の抗がん剤はタキソール。ショックはないと言えばウソか。でも現実を受け止めるしかない。

帰り、蒲田の駅ビルにある喫茶店に入る。母、水を三杯おかわりする。

店に帰り、川村竹治。満鉄入りまでのところを書く。略歴を目録で説明しすぎると、ギクシャクしてくる。どう押さえ込むか。悩む。悩んで、妻の川村文子追悼記念録『紫雲』（昭和三十六年／川村学園刊）から三宅恒永の追悼文を引くことにする。

私が川村文子先生のお目にかかった初めは、明治四十四年御良人の竹治先生（以下亜洲公又は公と敬称す、亜洲は雅号たり）が和歌山県知事に来任せられた時であります。当時私は郷里の和歌山県庁に属官として勤めておりました。亜洲公は曩に内務省から逓信部内長崎、大阪、横浜等主要都市の一等郵便局長を歴任せられ、御洋行後は内務省に復任して台湾課長となり、ついで台湾総督府内務局長兼警視総長に就かれました。故に当時地方長官中では出色の異才であられました。和歌山、香川の二県を経て青森県知事御在職中原内閣の成立に際し内務省警保局長に就任せられるに及び、局長書記に私を呼び寄せられ拝命して東京に任所を得させて頂いたのであります。而して公は拓殖局長官、内務次官に累進、兼ねて勅選貴族院議員となられて、間もなく満鉄会社社長の栄職に再転渡満となりました。又昭和三年台湾総督に親任され、後、司法大臣として台閣に列せられましたのでありますが、常に私は影の形にそう如く、秘書役又は秘書官として側近に在まして、専心御奉公をする身となりましたのであります。

「影の形にそう如く」か。

彼に回顧録があれば、川村竹治の人間像がくっきりと浮かび目録も厚みを増すのになあ。でも、時間も金もつきた。先を急がねば。

夜、十一時、ＴＥＬあり。「まだ仕事やってんのかい」とサッポロ堂の石原さんの声。先日、出版されたばかりの河内紀さんの『ラジオの学校――生きるためのことば』（平成十六年／筑摩書房）のことなど雑談少々。

二月×日　水曜日

東京駅午前九時二十分発の新幹線で、岡山に帰る母を自転車に乗せ、池上駅まで送る。

歴代満鉄総裁のところを書き始める。だが、地名にカンが働かない。西原さんの言葉、「地図をひろげて文献を読む」を思い出し、棚から満洲地図を引っ張り出す。そこに出てくる地名を丸でかこんでいく。鞍山。撫順。奉天。営口。付け焼き刃の泥縄式だが、次々に丸をつけていくのは楽しい。一ヵ月後にはパッと指を差せるようになっているかな。

夜、満鉄社員会叢書の『満洲旅情』（田口稔／昭和十七年）を家に持って帰る。地図もいっしょに。

二月×日　木曜日

星がとってもきれいだ。夜じゃないよ、朝ですよ。

人通りのない池上の街を自転車でのんびりと店まで行く。灯りをともしているのは、スリーエフにミニストップのコンビニ二店のみ。店到着三時三十分。今日から一ヵ月、目録を書き上げるまで、〝朝練〟ならぬ〝朝目（録書き）〟を始めることにした。せっぱつまっての窮余の一策。出かけに、美央に「気をつけてね」と言われたが、街も人もまだ眠っている。

〝朝目〟の第一歩は、昨日書いた目録原稿の読み直しだ。饒舌な部分を削り取る。川村竹治旧蔵「満洲国一九三二」極秘扱・生資料九点一括二十万円を特に丁寧に読む。読み返していくうちに、二十五万にはなると思い直してきた。一点一点、頭で加算していく。いやまてよ。問題は、極秘扱の「奉天中心軍占拠地方金融行政顛末書」（関東軍参謀部総務課）百八十六ページを五万でふむか十万でふむかだ。表紙には、「昭和七年三月二日印了（稿入は二月十六日）」とある。『満洲国年表』（昭和三十一年／満蒙同胞援護会刊）をひもとけば、「三・一　新国家建国宣言書を発表　新国家の国号を満洲国と称す　満洲国の年号を大同と定める」とある。この目の前の資料は、満洲国誕生の翌日に生まれたわけか。なるほど。

「あれ、どうしたんですか」

声の方をむくと、新聞配達少年がいる。午前四時ジャスト。初めて、朝、手渡しで新聞を受け取る。蒲田にある工学院に通う苦学生だ。秋田生まれで上京して二年目、ラジオ番組の裏方を目指しているとは、集金の時に聞いた話だ。彼が子どもの頃、大けがをして入院した時のこと、お父さんが淋しかろうとラジオを買ってくれ、ものすごくなぐさめられた。それ以来、ラジオ番組の制作に関わる仕事がしたい、と。この話を聞いて、彼が配達を続けている間は、『東京新聞』を取り続けると決めたんだ。〝朝日〟の目標が一つ出来た。彼より早く店に入り、手渡しで新聞を受け取ること。

よし、「満洲一九三二」生資料一括は、欲を出さないで二十万円でいくことに決める。

昼前、石神井さんにFAX。「本日、二十万円、お借りします」。美央にはとても口に出せない。組合に払うお金がどうしても足りないのだ。ゴメン！　美央。目録の原稿もあと残すところ一割だ。午後、満洲建国期の人々を書き始める。馬占山、ひいては馬賊のところは、こちらの文献が少なくすんなりと書き上がる。書くことを楽しみにしていた笠木良明でつまずく。丁寧に書こうとするのが、こちらの欲なのか。資料不足もまた身によく沁みる。

〝朝日〟のせいか、午後七時を前にして頭がボーッとしてくる。今日は、これにて打ち止め。

二月×日　金曜日

「新聞少年に会わないの」

美央にそう言われ目を覚ましたのは、確か、午前の三時半だった。今は七時。食卓にはお弁当。

あーあ。

〝朝日〟は二日目で挫折。

挫折を乗り越えようと、店の机に向かう。『歴史の証言――満洲に生きて』（花野吉平／昭和五十四年）を読み始めたら、これが面白く、結局、目録を一行も書かないで今日が終わってしまった。

（前略）私は建国大学創設の構想時代に関係したことがある。小泉吉雄（満鉄社員から関東軍に出向）から辻政信参謀が案を練っているが参考意見を聞きたいというので、夜、辻の宿舎に小泉、早水、津久井と共に訪ねた。私は初めての出会いである。六畳一室の中に軍刀と鞄があるだけであった。彼から石原参謀副長の構想を聞いた。種々な意見が出された。早水だと思うが、「関東軍が内面指導を撤回し、軍事兵力を日本に引挙げない限り、満洲国の独立はなく教育方針など立つものか」という論議まで出た。

軍部横暴の声から民族協和のありかたまで話が進み、〝民族大学〟それは東亜民族を中心（世界の民族を歓迎すること）に、特に日本自身に民族問題の論理も哲学もないのだから（民族問題は満洲国の問題ではなく、日本の問題である。日本には国家、国体論が観念的にあるが普遍性はなく民族論はまったくない）、それを探究、建設すべき大学を実現すべきであると力説した。辻は静かに聞いていた。そして君等で民族大学構想案を作成してほしいとの依頼があり引受けた。大変な苦労の作業であった。そのとき聞いたのであるが、人選に就いて、学長には今田新太郎参謀が中江丑吉を推薦していることを聞く（後日、中江さんにこのことを話すと「今田の兵隊坊主め、俺に恥をかかすつもりか」と語っていた）。早水は教授に京大の作田荘一の名を挙げた（大上末広、早水親重は作田の門下であり、作田は建大に関係することとなる。作田は思想はちがうが河上肇とは無二の親友であった）。

われわれの案は作文に終った。

辻には上海で一度逢ったのが最後である。初め私は学生時代に山口一太郎、村中孝次大尉から士官学校スパイ事件の責任者として辻の名を聞いており、好感を持っていなかった。又、ノモンハン事件後にシンガポール戦における辻参謀の戦歴なども知ったのであるが、私の逢った印象では静かに対応できる人物であった。学生時代友人と永田鉄山に逢ったことがあるが、自宅に時刻に来てほしいと指定し、時刻に訪ねると、懇切に、静かに、軍部のこと、時局のことを語ってくれた（学生を馬鹿にするどころか紳士として）。辻もどこか似ているところがあった。その点辻の親分である石原莞爾は三度面接したが、高慢で自信たっぷりの態度をキラキラさせ、他人を酷評する癖を持っており、部下がこれでは心服しないと思った。

中江丑吉が学長を務める建国大学、この夢想はちょっと楽しい。

満洲建国大学

二月×日　土曜日

朝、エディタースクールの校正教室に通う美央を池上駅に送った後、自転車でそのまま店に行く。自転車を置き、五反田に向かう。今日は、南部古書会館の入札市。

中岡艮一の手紙が二通出品されているのに驚く。宛先を見れば、弁護士の今村力三郎。中岡艮一が登場する第五章は、すでに印刷所に入稿済みだが、まだ間にあう。お金もないのに久々に入魂の入札。今日はこの二通を読みながら、店に帰る姿が浮かんでくる。開札までの時間を、なないろさん、今年で開業四年目を迎えた音羽館さん（店は西荻窪）、それに女性史文献をインターネットで販売している開業したてのトンボ書林さんと昼食。車で来た音羽館さんを除いて三人でビール。昼に飲むビールはうまい。ホロ酔い気分で古書会館に戻り、中岡艮一の手紙を見れば、荷主の止め札がぶらさがっているではないか。ぼくは買えなかったわけだ。「まだ神はいる」と思ってからたったの二時間だ。現実は厳しい。

店に帰りＣＤを聴く。いまの気分は友川かずきの「犬」。このＣＤは、昭和五十四年三月、秋田は田中屋でのコンサートを収録したもの。友川の歌では競輪を歌ったものがスゴイと思うけど、「犬」はなぜか何度聴いても飽きがこない。

だがだんづぐづぐだんづぐづん　だったんづぐづぐだんづくづん
……だがづぐだがづぐ
俺の腐った勇気の背後から陽が昇る　気違いみたいな陽が昇る　だがづくだがづく……

さて、秋田でなく山形だ。中岡艮一のことは忘れて石原完爾だ。『庄内童謡集』（上野甚作／昭和十三年／私家版）を手に取る。石原完爾の口をふとついて出る歌は何だったんだろう。

二月×日　日曜日

ビデオで小津安二郎の「東京暮色」と「レボリューション6」を観る。後者は、ドイツのアナーキストの青春映画。

夕方、池上駅前のパスタ屋で、美央の校正教室卒業祝い。皆勤賞十三人のうちの一人だった由。自家目録の校正が月末から続々とあがってくるので、よろしく頼みますよ。

二月×日　月曜日

弁当持って、午前六時に店に入る。

石原完爾の流れで、満洲建国大学のところを書き始める。建大二期生の日記『楽久我記』（西村十郎／平成三年／私家版）を読みながら抜き書きしていく。本の見返しに、「和久田先生には相撲を通じて心の強さが肉体の苦痛を通して得られることを教えられました」と、ボールペンで書いてある。和久田先生とは、和久田三郎、すなわち天龍三郎のこと。

○「朝から梅雨のような雨が降り、それに頭に鈍痛を覚え、腹の調子も悪く朝食も抜きながら、それでも塾友の外出準備をみるとぢっとしておれなくなり、見たい映画があるとばかりに同行する。

映画「早春」は期待し過ぎてゐた為かベータースの役不足のためか感慨は薄く、むしろ併映の山田五十鈴主演の「樋口一葉」の方が印象的であり、一葉の作品を思い出すことであった。

映画のあとは塾に戻り床に就く」（昭和十四年六月二十五日　日曜　雨）

○「夕方から角力の稽古があり、元天龍関の大きな身体にとび込んでは転ばされる繰返しに遂々力尽きて起きあがれなくなり、肩で息するばかりの頭上から、「何度転んでもよい。力一杯飛び込んで来い。そのうちに強くなるのだ。」と叱声《しっせい》が落とされた」（同八月二十五日金曜　晴）

○「午後の武道大会相撲の部では和久田氏（元の天龍関）の名行司ぶりに感嘆したが、日本で理想を果たし得なかった和久田氏は、新天地における相撲道の確立に、どのような想ひを抱いておられるのであらうか」（昭和十八年九月七日　火曜　晴）

天龍は生徒から愛されていたんだなあ。

ほのぼのとした学園風景の中に、こんな一行も書き留められている。目録に取り入れるべく書き写す。

○「反満抗日容疑で満系学生十余名が憲兵隊によりトラックで連行された。激しいショックに茫然となる」（昭和十六年十一月十四日　金曜）

二月×日　火曜日

田口稔とはどんな男なんだろう。血なまぐさい満洲建国に頭を悩ませている身としては、彼の静かでいて詩的な文体は、一服の清涼剤にも似て心が落ち着く。このところ、毎朝、目録に取りかかる前、田口稔の一文を読むことにしている。今日は、「私の好きな町」。

私の好きな町といへば、これは私の感情を通しての上でのことで、功利的な事柄ではない。私の好きなのは詩と音楽のある町である。次に私の理想を記してみよう。——山峡の中にある町、川が低く流れて人家は山麓から斜面に建てられた町、形がきりゝと纏まってゐる町、人々がつつましやかに地方的な生計を立てゝゐる町、政策を弄する人々や機関を不必要とする町、つまり人情のよい町、名前の面白い町、静かでむしろ侘しい気分のある町、どこか異色のある町、山鶯の来て鳴くやうな町。

で、結局、次の町が私の気に入ったのである。

――濱綏線の横道河子。(昭和十四年十月)

「政策を弄する人々や機関を不必要とする町」か。

満洲地図をひろげて、横道河子に印をつける。いまはどんな町になっているんだろう。

二月×日　水曜日

午後の六時。ビールを飲みながら原稿を読み返す。昨夜から取りかかった満洲国検察官の妻に宛てた手紙の解説のところだ。昭和十六年十月に渡満、仕事が軌道に乗り、満洲国最高検察庁検察官になったところで、再応召にあう。目録にはこんな手紙を写す。

一昨日の夜電車の中で白系ロシャの婦人達が猫柳の束を持って居るのに春を感じましたが、聞いてみるとこの人達はその日を猫柳祭と云って猫柳を持って教会にお参りしたのです。そしてその猫柳祭と云ふのはあの人達にとって春の喜びである復活祭の一週間前に行はれるのです。四月五日が今年の復活祭です。

そしてハルビンからの便りによるとそろ／＼松花江の水が流れ始める気配があるさうです。昔読んだロシャの小説に復活祭の夜水の破れる音を聞いて春が来たと喜ぶ場面があった事を思ひ出して居ります。(昭和十七年三月三十一日)

この月の始め頃、漸くどろやなぎ等の芽が出始めたと思ったらそれが恐ろしい速さで伸びひろがりやっと新京の街も美しい青葉の世界となりました。

五月と云ふ月がこんなに際立って美しい爽かな月であることは内地の様な四季麗はしいところに住む人には一寸想像がつかないと思ひます。この月の始め頃には「あんず」が美しい花を咲かせて居りましたが間もなく散ってしまひ今は例のライラックの花盛りです。かねて楽しみにして居たこの花がどんなものかと大いに期待して居りましたが、香ひは丁度「れんげ草」と似て居り、日本の沈丁花の様に強くは香ひません。大きい木は東京の庭の大きな「木せい」位のものもありますが、通常の家等に植えてあるのは「ぼたん」の木より少し高い位のものです。

何でもない「たんぽぽ」が葉が殆んどない位に短く花をつけて公園の芝生に一面生えて居るのがとても美しく感ぜられます。中学の一、二年頃に英語のリーダーでスプリングと云ふ草を習った時に、そこに書いてある自然が日本と大分ちがったものでしたが、今満洲の春を眺めて居るとこの春が、リーダーの春にいろ〳〵と似て居る事を思ひ出します。（同五月十八日）

二月×日　木曜日

目録原稿書きが面白くなってきて、飯を食う〝タネ〟の古書即売会の準備が間に合わないことに気づいた。大いにあわてる。生半可の品揃えでは厳しい。売り上げが心配になってきた。悔いをのこしながら、いつもの篠崎運送さんに荷物をたくす。今日は、明日から始まる「五反田遊古会」展の本の並べ、だ。今回は十七店の古本屋が並ぶ。南部古書会館での集合は午後の二時。それまで少し時間があるので、「満洲の妖怪　岸信介研究」（『文藝春秋』昭和五十二年十一月号）を読むことにする。読みながら、すでに書き終えた岸信介関連本に目をやると、〝妖怪〟相手に貧弱な棚であることに気づいた。貧弱以下だ。

午後の六時、古書会館での棚の並べを終え、美央と近くの韓国料理店「チェゴヤ」でチヂミを肴に、ぼくは生ビール二杯。久々に体を動かした。仕事をやり終えた解放感を味わいながらのビールだ。店には寄らずに家に帰ることにした。池上駅前のTSUTAYAで前から観たかったロザンナ・アークエットの「デブラ・ウィンガーを探して」を借りてくるが、疲れとビールでダウン。

寒月忌

二月×日　金曜日

甘粕正彦の顔をじっと見ている。写真のキャプションには、「明治三十八年夏、三重県松阪市、自宅玄関前にて」とある。確か、甘粕が生まれたのは……調べてみると、明治二十四年とある。十三歳か十四歳の時の写真だ。美少年といっていいと思う。甘粕といって、ぼくが思い出すのは、短髪の眼鏡をかけた顔だから、キャプションがなければ、この美少年が甘粕だとは全く気がつかなかった。一人おいて、左隣の甘粕の父・春吉を見る。髪薄くたっぷりと口髭をたくわえた眼鏡顔、昭和二十年八月二十日、甘粕正彦が満洲の地で自決しなければ、こんな顔になっていたんだろうな。「かつて桑名、飯南、鈴鹿各郡の郡長だった」甘粕春吉の顔をぼんやりながめる。「大杉殺し」「満洲の闇の帝王」と冠ばかりが一人歩きしている甘粕にも、少年時代があったという、至極当たり前のことを、この一枚の写真が教えてくれる。人に向かい合う時、大切なことだけど忘れがちなそのことを気づかせてくれたのは、甘粕の弟の追悼文集『回想　甘粕二郎』(平成元年／非売品)。六百二ページもある分厚い本を、いま、読み切ることは不可能だ。

五反田の展覧会の仕事をアルバイトの大村さんに託して、店のある蓮沼への移動中だ。つかの間の休息を甘粕少年と過ごす。店に帰ったら、いよいよ岸信介が待っている。

二月×日　土曜日

「五反田遊古会」二日目。快晴。昼過ぎ、坪ちゃんがやってくる。雑誌『エンタクシー』の取材だという。そのまま、駅前の「亞細亞」に向かう。昼食は、『エンタクシー』編集部のイキさん、田中さん、なないろさんに息子の治郎くん、大河くんに、クローク係の片岡さん。それに坪ちゃんとぼくの総勢八人だ。二階の店内の半分を、ぼくらで占めている。まずはビール、そのあと紹興酒を一本あける。

イキさんに、古本で売れない作家を聞かれる。売れる、ではなくて、売れない作家、というところが面白い。二百円均一のシールを貼っても売れ残り、いくどとなくツブした作家の名前を、思い出しながら挙げていく。吉田絃二郎、里見弴、石川達三……、現役では吉本隆明。高校一年生の時、『青春の門』を愛読した五木寛之もその口、でも、その頃、好きだった女の子のことを思い出し、ツブす時、チト心が痛む。

午後五時、本の撤収作業が始まる。老いも（由縁堂の相川章太郎さんは八十歳だ）、若きも、皆それぞれの持ち場で協力しあって棚を片づけていく。七時半には何事もなかったように、古書会館の一階と二階は元の姿に戻っている。田中くん（小川書店）、西村くん（文生堂書店）、澤口くん（澤口書店）、相川英彦くん、哲くん（中川書房）。若手の台頭で、撤収作業もずいぶん楽になった。この時間、以前ならもうフラフラになったものだ。

「土風炉」での反省会兼飲み会のあと、天誠さんと二人で、大森で下車し、ソバ屋で二次会だ。天誠さんから、次の南部支部機関誌部長の人選について聞かれる。ぼくの任期もあと五カ月になった。人事の決定権は次の支部長にある。だから、参考までにと、西村くん、相川くんの三十代の若手二人の名前を挙げた。

二月×日　日曜日

寒月忌。山口昌男先生宅にて。

出席者。坪ちゃん、文ちゃん、石神井さん、岡本さん、六平さんにぼく。奥さんの手料理をいただきながら、先生が最近入手されたばかりの『我楽他宗寶』（大正十四年〜昭和十五年）という三田平凡寺《みたへいぼんじ》の絵葉書個人通信を回覧する。淡島寒月についての記述もある。三百枚ほどの貼込帳を手に取って、平凡寺の鬼気せまる〝道楽〟ぶりに圧倒されてしまった。葉書一枚にぎゅうぎゅう詰め込まれた活字が生々しく迫ってくる。〝道楽〟とは命がけ、そんな言葉が浮かんできた。

散逸されやすい絵葉書を一枚も逃さず貼り続けた旧蔵者もただものじゃないが、大枚をはたいて買った現物に黄色のマーカーを惜しげもなく入れてしまう山口先生にも驚いてしまった。以前、先生がカバンからひょいと取り出した最新号の『噂の眞相』が黄色のマーカーだらけだった。その上、付箋を貼りまくっていたなあ。思わず笑ってしまいはしたが、読み込む気迫に、その時たじろいだ。山口先生にとっては、三十五万円もする『我楽他宗寶』も五百円の『噂の眞相』も同列なのだな。

石神井さんが、駅まで自転車を飛ばしソーセージと即席ラーメンを買ってきてチゲ鍋に放り込む。これが何ともうまい。考案者は坪ちゃん。その坪ちゃんに「今日は寒月の没後八十年」と教えられたが、ぼくらのこの小さな寒月忌も細々とではあるが、十年続いてきたんだな。チゲラーメンをほおばりながら、ちょっとすごいなと思った。

二月×日　月曜日

朝、店に行くと詩人の暮尾淳さんからＦＡＸ。友人の推理小説本の整理の件。今週の水曜日、先方に案内したいとのこと。了承する。

美央に送りを頼む。先日の「五反田遊古会」のお客さんへの本の送付だ。ぼくは、「満業（満洲重工業）」初代総裁・鮎川義介の周辺をうろつく。あの『ガロ』の長井勝一、あの悪役の内田朝雄も、「満業」関連の鉱山で働いていた。そんな目録書きの合間、請求書書きに没頭している美央に気づかれないよう、『早稲田古書店街連合目録十五号　特集／古本屋の女房たち』（平成十二年）を引っ張り出す。昨日、山口先生宅からの帰り、坪ちゃん、文ちゃんと三人で三軒茶屋で飲んだ。その折り、なんの話だったか、美央が話題になり、坪ちゃんが美央の文章をほめたのだった。そんなによかったかなと手に取った。

日本全国・古本屋の女房たち　わが店主

月の輪書林の地元大田区蓮沼は、大都会蒲田と都会のオアシス「本門寺」のある池上にはさまれた、子どもとお年寄りと新聞拡張員の多い場所です。ちょっと世間からおいてけぼりにされているような空気がそこはかとなく漂っていますが、お店にはとても似つかわしいところともいえるでしょう。

この「過疎化した都市」を店主は結構気に入っているようで、日がな一日『明治唄本一括！（都々逸・いよぶし・とっちりとんぶし他）』だの『満洲引揚の記録』だのを舐めるようにながめては原稿にシコシコ書きこんで過ごしています。私が話しかけても返事もしないことがよくあるのです。

つい最近は、「やっと今日『満映』のところが終わってさ！」なんだそうです。ど－でもええわと言いそうになるのをこらえ、また一歩近づいたね！　と励ますのが店員でもある私の役目です。始めはだいじょうぶかなこのひと、と思ったものですが、とにかく自家目録を早く出さねばと原稿のマス目を2Bの鉛筆（一日に一本費やす。まるで刑事の靴）でうめている最中なのです。

世間と全く関係のない事柄に夢中の店主を尻目に私のほうはしばしばサボってラジオ聴いて

笑っていたりしていますが、おそらく町内ではあの店どうやって食ってるんだろう、あの男の人一日中机にかじりついてて謎だよね。などといぶかしんでいることでしょう。

さらに、向かって右隣には、キルト布やさまざまな手芸用品を売りつつパッチワーク教室も開いているというアヤしさのかけらもないお店があり、向かって左は地元の名医と信頼の高い耳鼻咽喉科が。はさまれているうちの店はますますアヤしさ倍増です。

このようなところにも訪ねてくださる方々が、町内会費を集めるおばさんと健康保険料を徴収するおじさん、いきなり「私も店がやりたいのですが」という相談者（ものすごく深刻そうだった）、「ここは一般の人は本買えないの？」と訊く人（かれこれ三回は来ている同一人物）など。その合間を縫って、前の自家目録を丹念に見て買いにいらっしゃるお客さん。二年も三年も前のものからいまだ在庫を問合わせていただいて、とてもありがたいことです。これはスゴイなと思ったのが、家族旅行の最終日のスケジュールに月の輪書林見学を組み込み、一家全員でいらしたお客さん。私は連れてこられた男の子にいつ「ねえなんでこんなとこきてんの？」と言われるかどきどきしていましたが、フト見るとゲームボーイで遊んでいたのでちょっとホッとしました。

その後、その場で撮っていただいた写真を大きく引き伸ばして（！）送って下さったのですが、すでに何十年も古本屋のおかみやってるかのような（その頃はまだ結婚決まったばっかり）自分の姿にガーンとなってしまいました。

いずれにしろ、店の仕事といえば孤独な作業が殆どなので、来客があるのは店主にとってはとてもいい息抜きになっているようです。

しかしたまに息を抜きすぎるのか何なのか、これまたたまにやって来る訪問販売員の話にのめりこみ過ぎてつい買ってしまう、というのが店主の困ったところです。しかも、買ったすぐはいつも「欲しいと思っていたところにちょうど来たんだよー、何か不思議な縁を感じて。いい人だったし」などとセールスマンに運命を感じているのです。泥棒よけに警報装置（ローンが異様に長い）をつけたのはいいがこれがおばかさんで、店内で動いたものはたとえ店主だろうとその妻だろうと崩れた本の山だろうと容赦なく反応し、サイレンが鳴り赤い回転灯が狂ったように回るのです。結局役に立っていると思われるのは扉と窓に貼ってある「警報装置あり」のシールのほう。他にもいろいろありますが、人を信じやすい（感激しやすい、とも言える）のを何とかしてほしい。なにしろ私も似たような性格なので、このままではカモねぎ状態です。といってもこういう性格だから彼はやってこれたのかもしれませんが。

どれだけのんきにやってるかということばかり書いているような気がしますが、目録屋が原稿を一生懸命書いてはいるのでこれでいいのかなという気もします。

今度は寺島珠雄さんという、店主がとても尊敬している詩人の特集なのだそうです。当初は、沖縄の詩人山之口貘特集を作っていたのですが、去年の夏に寺島さんがお亡くなりになってから、すぱっと方向転換してしまいました。それからはずーっと寺島さんを中心に頭が回っているようです。新聞の折り込み広告で作った封筒に入った「低人通信《ていじんつうしん》」や、字がびっしりつまった葉書で近況を綴っていて、店主もうれしそうにそれを読んでいました。私は一度お話しできただけだったのですが、今度の目録で店主の尊敬していた人はどんな人だったのか少しは分かるようになるでしょうか。

それにしても、鈍行列車に乗っているような毎日です。

四年も前のことなのに何一つ進歩がない。いや、後退しているのかも。「鈍行列車」に乗ってよかったなあと思ってもらえるように頑張らなけりゃあな。

夜十一時、二人乗りで家に帰る。

二月×日　火曜日

栄光社より目録の各章立ての原稿が届く。昭和七年の市ヶ谷刑務所の収監者配置図を使い、美央が作ったもの。一章の「李奉昌予審訊問調書」の扉には、収監された人の名前の一覧表を使った。治安維持法で引っかけられた人物の名前の上には「治」とある。二章の「獄中の人々」は、刑務所の断面図で、四つの獄が放射線のように描かれている。それを使った。よい出来で、目録書きにも力がわく。

夕方、安藤さんがやってくる。やっと店が決まった由、契約を済ませたその足で店に寄ってくれたのだ。はす向かいの宮田酒店で缶ビールを買い、さっそく乾杯だ。よかった。本当によかった。今三十八歳だという安藤さんから、突然、「古本屋を始めたい」という手紙をもらったのは、一月の末のことだった。手紙は、偶然、手にした雑誌で、自分の住んでいる近くに古本屋さんがあることを知り、アドバイスが欲しい。そんな内容だった。その手紙から、三、四回ほど会い、ぼくなりのアドバイスをしてきた。アドバイスといっても、店舗は本の出し入れがしやすい一階にこだわったほうがいいとか、広さは最低十坪、出来れば十五坪とか。それに、東京古書組合への入り方といった、誰でも思いあたることばかり。開店にあたっての安藤さんの不安にきちんと応えられたとは思えない。

そんな安藤さん。東急多摩川線矢口渡駅近くに事務所をかまえ、インターネット古書店をやることにしたという。店名は「ひと葉書房」。これから一人で何かを立ち上げていこうとする人の目は輝いている。『駈け出しネット古書店日記』（平成十六年／晶文社）を出された野崎正幸さんにネット屋としての具体的なアドバイスを受けてみたらと話す。安藤さん、どんな古本屋になるのかな。自転車で五、六分のところだから、お互い仲良くやっていきたいものだ。

『観光東亜』編集室

二月×日　水曜日

暮尾さんと本の下見を終えて、新宿に出る。午後の四時だが、時間なんて関係ない。目と目を合わせれば酒になる。小田急地下のビアホールに入る。暮尾さんにすすめられてドッグ・ノーズなるものを生まれて初めて飲む。ビールのジン割り、だという。飲みやすくて、うまくて、そして、めちゃくちゃきく。いま、思い出しても、何をどう話したのか、記憶が久々にどこかに飛んだ。

暮尾さんと二人きりで飲むのは二回目だった。だから、前のことはよく覚えている。去年の夏だった。伊藤信吉さんの追悼会を二人でやったのだ。信吉さんがよく通っていたというソバ屋が閉まっていて、それでも気分はソバ屋で、信吉さんの住まいから最短の駅近くのソバ屋に入った。ぼくは興奮していた。暮尾さんは、ぼくにお別れをするようにと、伊藤信吉さんの書庫に案内してくれたのだ。いま、思い起こしても、夢のようなぜいたくな時間だった。主《あるじ》を失った椅子に腰掛け、ぼくは静寂をたたえる書庫をぼんやりながめ、信吉さんの講演を聞きに前橋へ行った日のことを想った。

二月×日　木曜日

しまった。もう売ってしまったよ。何でもっと早く読んでおかなかったのか。くやしいなあ。まだ、一週間たっていない。

原稿用紙の横に、これから解説を書こうという『観光東亜』（昭和十三年～／日本国際観光局満洲支部）が九冊積んである。これを買ったのは二年前のことだ。やっと封印をとくべしと鉛筆を握りしめたのだが、ちょっと参考にと『彷書月刊』の「特集・満洲のツーリズム」（平成十五年八月号）をつかんだ。そのものずばりの「「観光東亜」編集室」という三宅豊子の一文が再録されていて、「よしよし、いいタイミングだなあ」と読みすすめたら、こんな文章にぶつかったのだ。

その頃だろうか衝立《ついたて》で仕切った隣の宣伝課に今は有吉佐和子の旦那様の神彰がいた。その頃は二十歳前後の貧弱な青年でいつもボサボサ髪で顎に無精髭が疎《まば》らに生えていた。よく編集室にも入ってきたが、宣伝は変人の寄り集まりで神さんもその一人だった。

神彰《じんあきら》がこんなところにいたのか。まいった。神彰の『怪物商法』を先日の「五反田遊古会」で千円で売ったばかり。しかもサイン本。この一文をちゃんと、雑誌の発行時に読んでいれば、『観光東亜』の隣に神彰を並べることが出来たのになあ。

『彷書月刊』には、西原和海さんが、「『観光東亜』編集室」の解説を寄せていた。西原さんによると、『観光東亜』は満洲で出されていた一般向けの旅行雑誌で、最大八万部の代表的なメディアであった。『旅行満洲』という誌名で一九三四年七月に創刊された。隔月刊だったが、三六年四月号から月刊化されたという。三八年四月号から、『観光東亜』と改題され、四三年七月号に『旅行雑誌』と改められた。「こうした誌名の変遷には、満洲国の政治・軍事・社会情勢と、それに伴う観光政策の推移が投影している」と、西原さんは続けている。そして、三宅豊子さんが、『観光東亜』を出していたJTB満洲支部に就職したのは三八年だったという。目の前の『観光東亜』はちょうど三宅さんが編集部に入社した頃のものなんだ。

二年ぶりに目次をそっと開ける。昭和十三年の満洲がここにある。さて、どこから写し取っていこうか。ワクワクしてくる。古本屋冥利に尽きるひととき、まずはビールを買ってこよう。

二月×日　金曜日

午後四時、新聞少年から夕刊を受けとる。あと二時間でビールタイムだなと思いながら新聞をひろげる。なにをおいても「大波小波」だ。『東京新聞』をとる楽しみの一つ。匿名の力を生かした辛口の筆法が、なまくらな脳髄を刺激してくれる。ぼくにとって一日一回の頭の体操の時間でもある。

今日は、「植民地の光景」と題して、三月公開の韓国映画最新作「ロスト・メモリーズ」（イ・シミョン監督）を取り上げている。読みながらやられたと思った。その韓国映画製作者たちの意気込みにうなり、何よりもその奇抜な発想に驚いてしまった。「海賊」氏のいう「恐ろしく覚めきった歴史認識」で描かれているという映画は、こんな物語だというのだ。

もし明治四十二年に伊藤博文がハルビン駅で暗殺されなかったとしたら、韓国は日本の植民地になったまま現在を迎えているのではないか。この仮定に基づいて平成二十一年という近未来の「京城」を舞台に、総督府の辣腕《らつわん》刑事と「朝鮮民族解放戦線」のテロリストたちとの壮絶な闘いが繰り広げられる。語られる言葉のほとんどは日本語であり、街角にはハングルなど一言も見られない。

これは単なる娯楽アクション映画ではない。ポスト植民地主義の側から想像された、反ユートピアの光景である。

「平成二十一年の李奉昌」たちの闘いを、今すぐにでも観たいと思った。植民地支配を娯楽作にしてしまう豪腕。韓国映画界の活力に舌をまいてしまった。

今日は一日、満洲ツーリズムのところを書き、ほのぼのとした旅気分でいたので、棍棒でガツンとやられた思いになってしまった。

二月×日　土曜日

栄光社より第三章の「もうひとつの一九三二――石川利光日記」ゲラ届く。

作業が進んでいると思うと鉛筆にも力が入る。美央に校正を頼み、ぼくは第四章の今まで書いた分を栄光社に送るべく頭から読み返す。この流れで間違いはないか。自問自答のあと、通し番号をうつ。一三〇一枚から一六三二枚までだ。

駅前の郵便局は、今日は休みなので本局の千鳥郵便局まで自転車を飛ばす。栄光社に目録原稿第一弾を送ったのは、確か一年前だった。活版印刷が出来ないと聞いて、いろんな書体の見本を集めてもらったっけ。昨日のことのようだ。表紙原稿を入れたのは去年の五月のことだった。京都の林哲夫さんから、その装幀原画が届いた時は、美央と手を取りあって喜んだのに、今、思うと、林さんには全く申し訳ない。まだ、目録、出来ていないのだ。あやうくお蔵入りしてしまうところだった。投げ出さないで本当によかった。あと第四章の続き一回分の原稿を送れば終わりがくる。うれしいようなチトさびしいような妙な気分だ。

二月×日　日曜日

夕方、母より特大ダンボール二個届く。クロネコヤマトの配達員から受けとった時、あまりの軽さに母のやせた背中を思い出した。中身は、母の衣服などだ。二週間後には、いよいよ三人の共同生活の再開だ。ぼくらと暮らしながら、築地に通うのだ。

田口稔の『満洲旅情』をのんびり読んで過ごす。

三月×日　月曜日

開店以来、初めて家賃が払えなくなったことに気づく。はす向かいの芝信用金庫の手塚さんに来てもらい相談、三十万円を借りることにする。月の輪書林、ピンチに陥る。先日の五反田遊古会の送り分代金が、今週から届くはずだ。祈るように郵便を待つ。待って届いたのは、本部古書会館のロッカー代の請求書。まいった。

今日がひと葉書房さんの開店の日だと、ふと思い出す。今頃、棚を入れてるんだろうか。期待と不安を嚙みしめる間もなく、汗を流していることだろう。そのうち、美央と一緒に開店祝いに顔を出そう。何かプレゼントしたいな。ピンチもあればチャンスもまた訪れるだろう。ひと葉書房さんのことを考えているうちに、腹がすわってきた。鉛筆をにぎる。本をつかむ。今日は、満蒙開拓青少年義勇軍だ。

三月×日　火曜日

朝、店に着くなり小沢信男さんの顔が浮かんだ。河内さんの『ラジオの学校』出版記念小宴の連絡係をかって出たのはいいけれど、うっかり小沢さんのスケジュールの最終確認を怠っていたのだ。

久々に小沢さんのあの声を聞く。いつもの通りのおだやかな声がしてくる。

「ぼくは、今、飲めないからなあ」

「ウーロン茶をボトルで用意しておきます」

笑い声とともに出席の快諾を得る。机の前の辻征夫『貨物船句集』を、これまた久しぶりに開く。小沢さんの解説を読む。こんな言葉がさっき聞いたばかりの小沢さんの肉声とともに聞こえてくる。辻征夫への愛にあふれたこんな一節。

辺境をめざす者、それを詩人というのだろう。表現の新たな領域へ、開墾の一鍬をふるうことを運命として担う。しかも一見苦渋をみせずにやってのける。辻征夫は、まさしくそういう一人だった。生涯を賭けて。

いかん、いかん。読んでいくうちに、つい「詩人」の言葉に引き込まれそうになる。今は、満洲だ。未開の大地に「開墾の一鍬をふるう」少年義勇軍たちの苦《にが》い物語を書き上げなければ。急ごう。

日暮れまで、少年たちと満洲の地を耕し続けクタクタになる。

札幌の「ブックス21」の進藤久坪さんから、北海道は夕張郡栗山町・小林酒造の酒二本が贈られてくる。箱を開けて、黒い酒ビンを手に取る。栗山で飲んだのは、まちがいなくこの酒だった。同封されたメモ書きには、「札幌は当分雪見酒ができます」とあった。

沖縄の歌手・佐渡山豊の汗だくで歌う姿がフラッシュバックする。昨夏、佐渡山豊のコンサートが、小林酒造の敷地内で行われた。企画・裏方のサッポロ堂・石原さんの呼びかけに応じて、石神井さんと一緒に飛行機に乗った。「ブックス21」の進藤さんと会ったのは、そのコンサートがはねたあとの酒宴の席、サッポロ堂さんの紹介だった。望洋とした大人《たいじん》を思わせる風貌や気持ちのよい飲みっぷりがとても印象的だった。

さっそく、近況報告をかねてのお礼状を書く。郵便局への道すがら、二次会、三次会、そして宿でも朝まで語り合った判野宏くんのことを思い出した。判野くんは、佐渡山豊の密着取材で栗山町にやって来ていたっけ。彼が月刊『現代』に書いた佐渡山豊のルポは、秀逸だった。判野くん、ちゃんと食べていけているのかなあ。

三月×日　水曜日

河内さんからＴＥＬ、お祝いの会の件。会場の「八羽」の奥座敷を押さえたので、岡崎武志さん、坂崎重盛さんへ案内ＦＡＸを送信する。担当編集者の筑摩書房の金井さんにはＴＥＬ。昨日、いくど電話をすれど不通で何か良くないことが起きたんじゃないかと心配した石神井さんから、何事もなかったような元気な声で、「いやあ、うっかり電話代払うの忘れて止められちゃってさあ」と。思わず、「二十万円、返しましょうか」と言ったら笑われた。堅実な商売をしている石神井さんにも、こんな愉快な一面があるんだなあ。河内さんの件、もちろんオーケー。目録、ひたすら書く。書く。

店を一歩も出ず、午後十時半まで。満洲中盤戦、原稿一六三三枚～一八一七枚まで通し番号をうち、明日、朝一番で送付すべく梱包する。明日からは、「満映」だ。

三月×日　木曜日

芝信金の手塚さん、現れる。審査が通った旨伝えられる。手塚さんが神様のように思える。ありがたいことだ。来月をなんとか切り抜けば目録発行だ。この目録だけは、空意地《から》を張ってもどうしても出したい。李奉昌が、今後も何かで取り上げられることはまずない。この仕事は古本屋だからこそ出来る仕事だもの。

少し心が落ち着いた。

佐竹陸夫の『火の川』（昭和五十八年／私家版）を開く。佐竹陸夫は、昭和十六年四月に満映に入社、製作部文芸課脚本員だった男だ。この満映時代の回想を折り込んだ半自伝小説が、『火の川』だ。序文の八木保太郎の言葉を写し取る。

満映の文芸課は多士済々でした。

先ず、北支日本軍の特務機関員だったという支那通の西村隆男君。「聊斎志異」の日本訳で有名な柴田天馬先生に師事して中国の事情を勉強していた長畑博司、八木寛の両君。そして京都で左翼運動家だった鳥居寅夫、中村敬二の両君。特に風変りだったのは九州男子の佐竹君でした。私が耳にした佐竹君は、在満日系高級官僚の子弟が在学する満洲の学習院と言われた奉天平安小学校の訓導をしていたが、父兄の特権意識に耐えかねてか、そこをあっさり辞めて満映の文芸課に入ったとのことでした。佐竹君の「火の川」は私が日本へ帰ってからの満映の状態が書かれてあると思われます。甘粕理事長の自決、社員たちの様子など私の知りたいこと——

満洲国崩壊

三月×日　金曜日

朝から心が落ち着かず、目録原稿書きも気もそぞろだったが、「五反田遊古会」展の送りのお客さんの郵便振り込みのおかげで、なんとか首の皮一枚つながった。駅前の郵便局から現金を受け取り、その足で明治古典会への第二回支払い一三九、一七二円を終えた。これで、去年の「クリスマス市」で買った分、総額三九一、一九〇円を支払った。

綱淵謙錠自筆日記を、胸を張ってこの目録につかうことが出来る。

昨年末の明治古典会「クリスマス市」を思い出す。お金がないから買ってはダメだと何回も自分に言い聞かせたのに、市場のあとの忘年会に龍生さん（龍生書林）に誘われ、飲み会だけでは淋しいからとつい市場をのぞいてしまった。そこに綱淵謙錠がいた。

一冊としてその著作を読んだことのない男だが、直木賞受賞作『斬』の黒っぽい表紙と、何かの雑誌で読んだ、高利をむさぼる古本屋を叩く一文が頭をかすめたのであった。

その綱淵の肉筆原稿がうず高く積み上げられた山を見て、死んだのかなあとさして関心はなかったのだが、ちょいとつかんだ日記に心が動いた。「出版日誌」と書かれた日記をひらくと谷崎潤一郎『夢の浮橋』単行本化の作製過程がこと細かに記されていて、谷崎文献としてこれはいけるかもとまず思った。それにしても、綱淵の字は読みやすく美しい。古書業界の先輩である青木正美さん（青木書店）が、「日記で大事なのは、第一に読めるかどうかです」と、以前何かに書かれていたが、全くその通りだと思う。かつて大連市長（大正十三年～昭和三年）の杉野耕三郎の日記を手に入れたことがあるが、くせ字に悩まされ、貴重なことはわかるんだけど、投げ出したことがある。

目録の原稿用紙に向かう。

本日から物書きの生活が始まる。

昭和四十六年四月一日、中央公論社を退社した翌日、一匹狼となっての最初の言葉だ。覚悟のすわったいい字。谷崎潤一郎文献としてではなく、やはり正面から綱淵謙錠で押すべきか。

三月×日　土曜日

本を手に取り、「よかったな、判野くん」と語りかける。届いたばかりの『星の眠る町から』（平成十六年／現代書館）だ。判野くんの初めての本だ。副題には、「ハンセン病療養所・それぞれの再出発」とある。数日前に思い出した判野くんが、こうして「生きていました」と答える、こんな偶然ってあるんだなあ。うれしいよ。春が過ぎて夏が訪れる頃、「八羽」で二人で祝杯をあげよう。

三月×日　日曜日

母が明日上京にて、美央は家の片付け、ぼくは店で満洲の街をぶらり旅。

花園歌子の「萬国無軌道旅行　阿片窟のサービスガール」（『日本文藝』昭和十二年三月号）を読む。浅草オペラのところに差し込むか、大連港の一情景として出すか、そんな、人にはどうでもいいことを考えていたら、山本博雄さんのことを唐突に思い出してしまった。花園歌子という存在を教えてくれた懐かしい人。その山本さんのことを書いたことがあったっけ。一九九八年の『オール読物』十月号、「偏愛読書館」のコーナーだった。

某月某日。

山本博雄さんが、八月の末、急死された。

この秋に出す古書目録11号「創刊号雑誌特集号」の原稿を書こうと机に向かったその時の訃

報だった。
ぼくは、古書目録をつくり、通信販売で古書を商う古本屋、山本さんはそのお客さん、ただそれだけの淡い関係、直接あったことも一度しかない。何をして食っているかも、家族が何人いるのかも知らない。知っているのは、初期社会主義者・橋浦時雄の日記『冬の時代から』（昭和58年刊／雁思社）の編集に携わり、詳細な解説を書いていたこと、お父さんは平林たい子の最初の夫で虎三（敏雄と改名）といい、その「凄惨なる青春」をつづった自伝『生きてきた』（昭和39年刊）があること、モダン芸妓・花園歌子を執拗に追いかけていたことだけだ。そういえばおいくつだったのだろう？　急逝したルポライター児玉隆也とおない年だと聞いた記憶があるが、あやふやだ。六十歳を一つか二つこえたところだったか。

逝去一週間をすぎての連絡のせいか、初めて話す奥さんの声は落ちついている。「今度、〝風紋〟に飲みに行こう」、この春、神田の古書会館で別れたのが山本さんを見た最後だった。

山本さんといえば、まず電話での威勢のよい大声が浮かぶ。山本さんからの時は、受話器を離して聞いたっけ。山本さんの電話は、いつも突然だった。深夜であってもぼくが店で働いていることが当然のように話し始めた。それに山本さんは、いつも一方的に話し、唐突に切る。嵐のような電話だった。受話器を置くと一仕事おえたような安堵感に包まれるのに、しばらく連絡がないと体の具合でも悪いのかなと心配になった。やはり、山本さんの話には人をひきつける魅力があった。

山本さんは、ぼくの興味、関心をくすぐる人や本をあの騒音のような大声の合間にソッとつぶやいた。そのつぶやきは、ぼくの好奇心をいたくかきたてた。花園歌子、黒瀬春吉といった名がそうだ。頼まれたわけでもないのに、「よし、さがしてやろう」と思わせる名人だった。そうだ、光文社の「少年」編集部にいたことがあると言ってたっけ。人を励ますのが上手だった。時にそれは、穴があったら入りたくなるような絶讃ではあったが、本乏しく金むろん無く不安で一杯だった創刊号の時から一貫してぼくの古書目録をほめつづけてくれたのは山本さんだけだった。迫力ある買い方でぼくを激励しつづけた山本さんは、いつもの電話の如く、唐突に姿を消した。

机の上に正岡容《いるる》著『下町育ち』（昭和22年刊／新月書房）を立てる。花園歌子の半生を描いた唯一のものだからと読むようにすすめられた中篇小説「修《にせ》むらさき」が収録されている一冊だ。小説としての感興に乏しい失敗作だ。でも人は傑作だけを愛するのではない。山本さんの過剰な思いがこの一冊にある。弔いの缶ビールをぐいと飲み干す。写真で一度だけみたあの男の顔が浮かぶ。「修《にせ》むらさき」で正岡容が呪ってやまなかったあの男。花園歌子かわいさに罵倒の限りを尽したあの男。

「革命家で自称スパイで、性欲解放論者でエロティズムの演出家」「メフィストフェレス」「官能だけを信じる実存主義者」「歴史の裏通りを歩いた男」、黒瀬春吉の正体は依然謎のままだ。山本さんは、黒瀬春吉のシッポをつかまえられたか？　そもそも山本さんは何でこんな奇《き》っ怪《かい》な男に魅かれたんだろう？　七年前に頼まれた一冊。劇評家岡鬼太郎との恋愛合戦に敗れたその相手、自分の小指を切って贈ったその相手、端唄の立花家歌子への恋情をつづったという黒瀬春吉の歌集は、まだみつけられない。山本さんからの宿題は、あの世に行くまでに果たせるか。ひょっとしたら山本さんも言っていたように文字通りの「幻の書」なのかもしれないが。

そういえば、山本さん、いつかの電話で、花園歌子の文章の九割（八割と言ったか）は、黒瀬春吉が書いたと言っていた。何かそう言い切れる証拠を握っていたのだろうか。

三月×日　月曜日

満洲国崩壊の現場に立ち会っている最中の午後一時、店の奥を灯していた最後の蛍光灯が消える。本の日焼けをふせぐことが出来て良いことだけど、本を探すにはとても不便だ。これで、蛍光灯全十八本中、稼働しているのは五本のみ。貧の極みを味わっているところに、家で校正作業をすすめている美央よりＴＥＬ。母、蒲田駅に到着の由にて、あわてて池上駅まで自転車を飛ばす。母、元気そうな笑顔を見せる。途中、コンビニでヱビスビール三本を買ってもらう。情けなくもありがたし。思っていたより元気そうで、まずは一安心。

午後十一時半、ついに満洲国崩壊す。たったの一ヵ月ももたなかったか。それだけの本しか蒐められなかったってこと。力不足を改めて痛感する。明日は、満鉄、そして川村竹治に戻り、最後の目録原稿書きを残すのみ。

三月×日　火曜日

母、一人で国立がんセンター行。

店で美央と作業をしていると、開店の時からお世話になっているほたか不動産のおばさんがふらりと現れる。十余年前はまだ好景気で店が借りにくかった。家賃は高かった。ほたかさんのおかげで、やっと、ぼくにも借りられる店を見つけることが出来た。あの時の恩を忘れたわけじゃないけど、家賃も銀行振り込みになって、ほとんど顔を見かけなくなっていた。久々に見るほたかさんは、ちょっと年をめされたように見える。

二、三分の雑談のなかで、

「二人で仲良くしてね。それが一番よ」

と、何度も繰り返す。

ほたかさんが、店を出たあと、二人で顔を見合わせる。さっきの言葉が遺言のように聞こえたのだ。どちらからともなく、「ほたかさん、大丈夫かな」と言う。

終わりは、案外、あっけなく訪れるものだ。いまは、真夜中の十二時ジャスト。感慨はない。全ての原稿を書き上げたというのに。涙のひとつぐらいあってもいいのにと思いもするが、思うのは明日の暮尾淳さんの知人宅の古本の整理のこと。自転車での帰り道、暮尾さんの詩がフト浮かんだ。思い出すたび力がわいてくる。ぼくの大好きな詩「運動会」。

　いまは毎日
スタート右廻りか左廻りか

迷いながら
フール・オン・ザ・ヒルを目差して
色の消えた風景のなかを
ぼそぼそ歩くおれだが

あっ！　子どもよ
転んでもそんなに泣くな。

運動会より
もっと抜き差しならぬ舞台が
死ぬまでつぎつぎとやってくるのだから。

月の輪書林古書目録13号　特集
「李奉昌不敬事件」予審訊問調書
平成16年５月26日発行

II　二〇〇五年三田平凡寺を歩く

趣味山平凡寺開山式覚書

五月×日　土曜日　雨

今日から平凡寺《へいぼんじ》（本名・三田林蔵）のことだけが出てくる日記を始めることにする。

一　フト、思いついたこと（的はずれでも）。

二　古本屋の日々の生活で書けない時は、遠慮なく中断する。

三　古書目録にしていく過程のメモのつもりであるが、中途で挫折してもかまわない。平凡寺著作集メモに変化するかもしれないが、それもオーケー。

四　平凡寺を読み解くための読書は出来るだけ引用とともに書き記す。

五　メモ、コピーは貼り込んでいくこと（出典書名、雑誌名は奥付コピー貼り付けのこと）。

六　三年ぐらいかかるかもしれない。ゆっくり楽しみながら自問自答のメモのつもりで。文章はととのえない。文体はデコボコでよい。

七　平凡寺〝ゆかり〟の地は歩いてみたい。

さて歩き出すことにしよう。

初めは、三田《みた》平凡寺《へいぼんじ》が明治四十一年十一月四日という日付で残した「趣味山平凡寺開山式覚書」の写し取りだ。

四十一年十一月四日高輪の趣味山平凡寺建立落成式と共に開山式を挙行せんと、四禅主戯の内三人へ案内状を例の謄写版で送る　尚日本橋の呑気講元蛙大将方へ送る

扨寺に墓のないのハ変だといふので、何より墓ハと考へた末、一寸思ひついたのハ麻布今井町浄土宗善学寺に狂歌師天廣丸の墓があつて大きさ尺余斗りで表に天廣丸と記し下に徳利の画あり　裏に「心あらバ手向けてくれよ酒と水　銭のある人銭のなき人」と記しあるが此人ハ誰も知る墨堤の「くむ酒ハこれ風流の眼なり　花を見るにも月を見るにも」と詠んだ有名な狂歌師だがこの墓が今井町にある事ハあまり人が知らぬのハ惜しい　出来れバ高輪平凡寺へうつして世に知らせたら天廣丸も嬉ぶだらうと四日早朝四禅主戯の二人が今井町の寺へ行て談判をしたら和尚のいふにハ折々弟子だといふ人が来たり又ハ狂歌師も折々来て手向歌をよむから他へうつす事ハできぬといふので既に世に知られて寺でも大切にする様子ゆゑこんなら〇〇一後日市区改正になつても此石碑ハ他の無縁碑と共になくなる心配もないから平凡寺へ持行くにも及バぬと思ひ狂歌にしたがつて石に水をかけ趣味山平凡寺の名で塔婆一本たてゝ宅へ帰り開山式

の仕度にかゝる

寺の入口の白かべにハ蛙大将氏の寄附による千社札をはり　左右へハ藝妓の奉納手拭をブラさげ　きつね格子へハおみくじを二ッ三ッいわひつけ本堂佛前のかも居にハ痴嚢狂史先生の平凡寺とかいた額をかけその他講中より奉納せし自在鍵、木魚、經机、如意、づだ袋その他種々うるさくかざりつけ　尚本堂のに用ひしゐろりハ古すり鉢○○腐つた家の土台その他寺に使用せしものハやねの杉皮の外ハのこらず湯やの薪より外使へぬ廃物利用して建立したのであるが只一ッ利用せられぬハ人間の廃物和尚の知空斗りである

扨定刻の夕四時になると各講中といつた所で四人きりだが（尤この以上ハ本堂がせまくつてはいりきらぬ）惣出で参詣する　就中、日本橋講の蛙大将ハ特に平凡寺の為め建立紀念マッチを製し寄送され、茶くわしに空也最中を佛前に供へられたのハすくなからず和尚の満足して嬉んだのである

扨開山式とあつて第一に和尚の無字の經を無声で高らかに読み　天廣丸等の塔婆の画をたにざく〳〵かき各狂歌をそへ佛前に並べ（佛前〳〵といへど此寺には肝心の佛様がないが皙く古例に依て佛前と記ス）手向の茶をたてる平凡流の茶であるからあぐらをかく人片ひざたてゝゐる人各思ひ〳〵勝手にしてのむ　たてる和尚ハ大あぐらで大工が作る場にあつたものを今回奉納

した茶かまで一本二銭のひしやくでグイト湯をくみひき茶をぶちこんでヤケにかきます
この間客ハ各勝手に饒舌りちらしてゐる　尚互ひに茶がしぶいの何のといふのを和尚ハ我関せす焉と澄しきつてのませ終り
これより女に被惚御守り及に御供物を各講中へもれなくわたし　それより茶めしに凡て精進料理しかも知空和尚の大黒がきたな細工で各人の腹をゑぐるよりむしろかきまわし　それより狂歌運座をして十時頃平凡寺一流の般若湯をゐろりのすりばちを持上ゲて椽の下より五合の貧棒徳利を出しどびんの茶をあけて火澗にし平凡寺の額うらから竹の皮包みのさんまを出し壁のづだ袋より貝のかきを出しゐろりで焼て喰つて最後に本堂及佛前各四種の写真はがき及寺の佛印はがきを知友へ発送して木魚の音で散会ス

以上翌五日電車中ニて覚へた所丈け記し置く

寺ニ魚板なく人を呼ぶに
大法螺を吹くその音に
客の驚く頗る妙なりし

朝十時より午後二時まで昼食を抜いてやっと終わった。原本は、表紙に『四禅主戯　備忘録』と書かれたノート。その巻末に平凡寺が書いたものだ。鉛筆書き。写し取りながら吹き出したいところ多々あり。ユーモアがある。

平凡寺の筆くせになれるには、こうして写し取っていくのが一番と思い、今日第一作をなせり。

時々、ヒマをみてやっていこう。『平凡寺著作集』として、いつかはまとめられるかもしれない。

午後三時から四時まで、近所の宅買いに自転車で往復すること二回。その中に『字通』（白川静／平成八年／平凡社）が入っていた。平凡寺自筆解読用にいい漢和辞典が欲しいと思っていたところで、ツイている。売らないで店用とすることにする。二千九十四ページはチト重いが、頼もしい。『日本近代文学大事典』では、字がつぶれてルーペを使わなければ写し取ることが出来なかった「真木痴ノウ」の「ノウ」の字を、あいさつがわりにひく。字が大きくて本当にうれしい。「嚢」。真木痴嚢《まきちのう》は、平凡寺の狂詩の先生だ。

『うきはし』と題した真木痴嚢（文）&平凡寺（画）の自筆本を持っている。明治三十八年頃の作品で、平凡寺自家造本。

　これは故真木痴嚢氏が五十四才　平凡寺が三十一二才頃の時の悪戯である
　此原稿を一々写真をとり親友二三に配附したものである
　真木痴嚢氏　今や亡し　嗚呼
　原稿は真木氏真筆也

と裏表紙に後年、平凡寺が懐かしんで書いている。真木痴嚢は大正十四年四月十二日に亡くなっていることから、昭和に入ってのある日、三回忌あるいは七回忌の折りに故人を偲んだのではないか。巻中の平凡寺の墨画が楽しい。

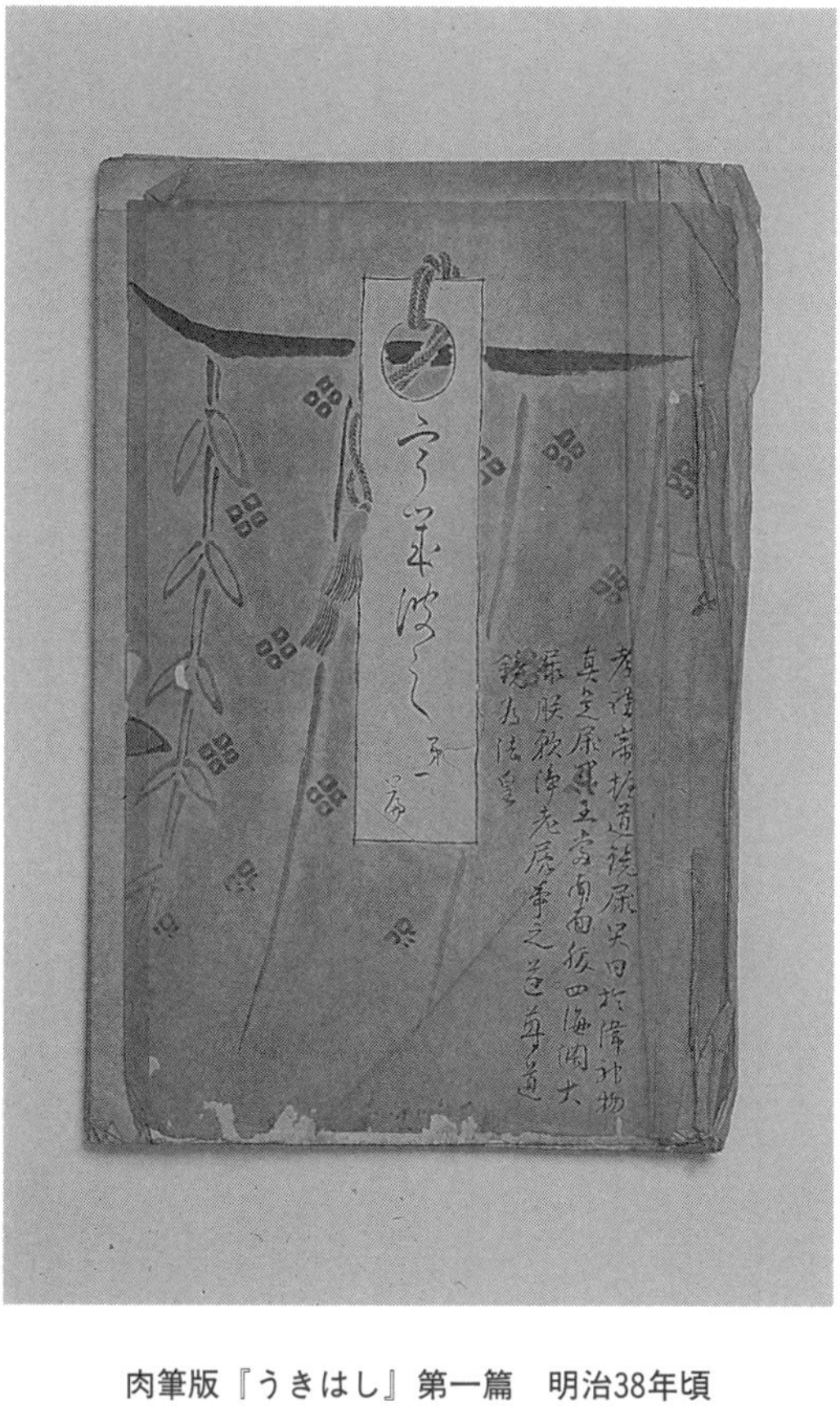

肉筆版『うきはし』第一篇　明治38年頃
真木痴嚢（文）　三田平凡寺（画）

市場から落札品が届き、整理している時、この『うきはし』を見つけ、写真版目録でやってみたら面白いんじゃないかと考えたことを思い出す。あの日の市場も思い出す。去年の秋。平凡寺旧蔵書を追いかけ、夢中になって入札した。何年かぶりに、出来ることなら全て買い占めたいと思った。しかし、市場はそんなに甘いものではない。買えたのは一部だ。ただ、どうしても欲しい肉筆類のダンボール一箱だけは強めに金額を書いた。よくわからないまま、いつものように熱に浮かされて。そのダンボール箱の中に入っていた一冊が『うきはし』だった。平凡寺旧蔵書に市場で出会えた幸運に心の底から感謝しながら、買えなかったものに未練が残る。どうして、あの時、もっと強い札を入れられなかったかと。

『字通』の話からそれてしまった。『字通』の巻末付録「平仄韻字表」もきっと役に立つはずだ、でも何も理解出来ないまま目録用の写真撮りを進めてしまうんだろうな。手元に今、『仄韻狂詩研究ノ保語紙』（明治三十二年七月十七日夜稿ヲ起ス）なる平凡寺満二十三歳の自筆本がある。あわてずゆっくり、平凡寺を追跡していこう。狂詩そのものがさっぱりわからないのだから。

五月×日　日曜日

平凡寺読解のため、岡本綺堂を読み始める。

平凡寺は、明治九年七月十日生まれ、岡本綺堂は明治五年十月十五日（旧暦、今の十一月十五日）生まれ。四つ年上。平凡寺と同い年には野口英世、島木赤彦がいる。岡本綺堂は、島崎藤村、樋口一葉と同い年。平凡寺は、芝車町二十七番地に生まれ育つ。高輪泉岳寺のすぐ近く。岡本綺堂は、父の純《きよし》の勤め先が高輪泉岳寺境内の英国公使館で、住まいはその近くの旗本屋敷。つまり、平凡寺と岡本綺堂は一緒の空気を泉岳寺近辺ですった、と言いたいが、残念ながら綺堂は明治六年秋に移転しているため、すれ違い。

『綺堂むかし語り』（平成七年／光文社時代小説文庫）の「読書雑感」をひらくと、平凡寺の読書の背景が見てとれる。平凡寺になぜ書き込み本が多いのか。そのヒントの一つがここにある。

わたしは明治五年の生まれで、十七、八歳すなわち明治二十一、二年頃から、三十歳前後すなわち明治三十四、五年頃までが、最も多くの書を読んだ時代であったが、その頃にはもちろん廉価版などというものは無い。第一に古書の翻刻が甚だ少ない。

したがって、古書を読もうとするには江戸時代の原本を尋《たず》ねなければならない。その原本は少ない上に、価《あたい》も廉《やす》くない。わたしは神田の三久（三河屋《みかわや》九兵衛《きゅうべえ》）という古本屋へしばしばひやかしに行ったが、貧乏書生の悲しさ、読みたい本を見付けても容易に買うことが出来ないのであった。金さえあれば、おれも学者になれるのだと思ったが、それがどうにもならなかった。

私にかぎらず、原本は容易に獲《え》られず、その価もまた廉くない関係から、その時代には書物の借覧ということが行なわれた。蔵書家に就いてその蔵書を借り出して来るのである。ところが、蔵書家には門外不出を標榜《ひょうぼう》している人が多く、自宅へ来て読むというならば読ませてやるが、貸出しはいっさい断わるというのである。そうなると、その家を訪問して読ませて貰うのほかは無い。

日曜日のほかに余暇のないわたしは、それからそれへと紹介を求めて諸家を訪問することになったが、それが随分難儀な仕事であった。由来、蔵書家というような人たちは、東京のまん中に余り多く住んでいない。大抵は場末の不便なところに住んでいる。電車の便などのない時代に、本郷小石川や本所深川辺まで尋ねて行くことになると、その往復だけでも相当の時間を費《つい》やしてしまうので、肝腎の読書の時間が案外に少ないことになるにはすこぶる困った。

なにしろ馴染《なじ》みの浅い家へ行って、悠々と坐り込んで書物を読んでいるのは心苦しいことである。蔵書家と云っても、広い家に住んでいるとは限らないから、時には玄関の二畳ぐらいの処に坐って読まされる。時にはまた、立派な座敷へ通されて恐縮することもある。腰弁当で出かけても、碌々《ろくろく》に茶も飲ませてくれない家がある。そうかと思うと、茶や菓子を出して、おまけに鰻飯などを食わせてくれる家がある。その待遇は千差万別で、冷遇はいささか不平であるが、優待もあまりに気の毒でたびたび出かけるのを遠慮するようにもなる。冷遇も困るが、優待も困る。そこの加減がどうもむずかしいのであった。

そのあいだには、上野の図書館へも通ったが、やはり特別の書物を読もうとすると、蔵書家をたずねる必要が生ずるので、わたしは前に云うような冷遇と優待を受けながら、根《こん》よく方々をたずね廻った。ただ読んでいるばかりでは済まない。時には抜書きをすることもある。万年筆などの無い時代であるから、矢立《やたて》と罫紙《けいし》を持参で出かける。そうした思い出のある抜書き類も、先年の震災でみな灰となってしまった。

平凡寺の筆写本は、震災も戦争もかいくぐって今、ここにある。大切に売らないと。

大石誠之助と情歌

五月×日　月曜日

平凡寺自家製本《てづくりぼん》の夏目漱石初出誌の切り抜き集、平凡寺自刻印章の歴史解説が面白い。

此書　少くも私丈けハ珍本といふ理由は
〇著者の署名
〇初めて発表小説（新小説）の口絵

1　二階住居の身ハ姓を加へて「さんた（三田）様」と呼びしころ　明治三十二年頃か
2　知空とハ明治三十二三年頃　迷亭知空と号せし頃のもの此印ハ〇〇《マルマル》珍聞が寄書家四五人ニ贈りし寒山寺刻陶印
3　単ニ趣味山人ト号せしころの蔵書印　平凡寺とハ趣味山人ニ対して明治四十一年名命せしもの。山人ハ三十五年頃から用ゐ居たる也
4　唯笑館とハ独立独学の写真館を開業せしときの館号（意匠ニきかせし也）

5　今日（昭和二十二年）此著者ト縁ニなる縁ハ異なもの味あることといふべし
　追想、思ひ出、聯想、感慨、等々沢山アルが畧

なるほどなるほど。

「さんた様」は明治三十二年頃。「知空」は明治三十二、三年頃で「迷亭知空」と号した頃。「趣味山人」は明治三十五年頃から使っていたもの。そして、「平凡寺」は明治四十一年命名。

「唯笑館」は平凡寺が写真館を開業した時の館号だが、この「唯笑館」はいつ始めて、いつまで続いたのだろう。気になってきた。

五月×日　火曜日

「平凡寺　夜の本堂」の絵葉書が出てきた。

天井に貼り付けているのは千社札に見える。ドクロがあちこちにやたらと置いてあるが、気持ち悪くなかったのだろうか。絵葉書の裏に平凡寺が覚え書きを書いている。

　大正初頃の天井洞
　天井をつけた為めムダ書き
　に便利なりしも才二の
　轉情洞ハ又改良し

絵葉書「趣味山平凡寺　夜の本堂」 大正10年７月10日

天井をつきぬけ同じ高
サも今の方が便利
お金でも拾ったら才三ハ
瓦をとり拂ひガラス張
りにする予定
死ぬ迄改良、研究、希
望ハすてぬつもり

この裏書きは、昭和に入ってからのものだろう。それも敗戦直後のものではないか。字から見てそう思える。とすると、平凡寺七十歳から八十歳の晩年の時期にあたる。平凡寺の書き込みは、断片的自叙伝だといえないだろうか。追跡を開始したばかりのぼくにとって、書き込みは本当にありがたい。なんといっても「文字」にこだわり続けた男の生の証言だもの。この書き込みを生かすには、写真版で記録するのが一番だなと、今は夢想の古書目録について考える。『平凡寺大全』となるような、今まで誰もなしえなかったものにしたいな。

五月×日　水曜日

昨日、石神井さんから「西村《にしむら》伊作《いさく》研究会」の第一回会合を五月十六日（月）午後五時から行うとの連絡が入った。参加者は五、六人の由。電話を一旦切った後、西村伊作研究会で発表（懐かしい言葉だなあ）したいことが浮かび、石神井さんにFAXした。

西村伊作は、直接ではないが、三田平凡寺と関係がある。いや、言葉が正確ではない。西村伊作が影響を受けた叔父・大石誠之助《おおいしせいのすけ》と平凡寺は、「情歌《じょうか》」という今や死滅した文芸の仲間だった。大石誠之助は大逆事件で死刑になるのだが、人名事典で「西村伊作」を調べると、必ず、こうある。

「一八九六年新宮舟町で開業した叔父の医師大石誠之助宅に同居、その影響を受ける」

ちなみに、「情歌」とは、『広辞苑』によれば、「①恋の心を述べた歌。こいか。②都々逸《どどいつ》の異称」。石神井さんに発表したいことがあると言ったのは、伊作がらみの「大石誠之助の情歌時代」だ。手持ちの人名事典で大石誠之助の周辺を見てみることにする。『日本アナキズム運動人名事典』だ。

まずは、西村伊作の父、大石余平。

おおいし・よへい　1854（安政1）4・16―1891（明24）10・28　紀伊国新宮仲之町（現・新宮市）に生まれる。大逆事件で処刑された大石誠之助の兄。漢学や儒教思想を学んでいたが、新しい時代の知識の習得にも力を入れ、新宮において初めてA.D.ヘールから洗礼を受けた。84年新宮教会を設立し、弟の誠之助にも思想的な影響を与えた。89年熊野川大洪水では被災民の救出につくしている。布教活動中の91年濃尾大地震で夫婦ともに遭難した。西村伊作、大石真子、大石七分の父。

なるほど。そうかそうか。次は大石誠之助。

大石誠之助　おおいし・せいのすけ　1867（慶応3）11・4―1911（明44）1・24
別名・禄亭、無門庵、禄亭永升　紀伊国新宮仲之町（現・新宮市）に生まれる。同志社英学校に学んだのち、90年渡米。95年オレゴン州立大学医科を卒業後帰郷し、翌年4月新宮で医院を開業。96年伝染病予防規則違反で起訴されたことを契機に、98―1900年医院を閉鎖してシンガポール、インドなどで伝染病の研究に従事する。

少し先にいこう。こうある。

インドに滞在中、カースト制に伴う貧困の現実をみて社会主義に関心をもつようになった。（中略）06年上京して幸徳秋水らに面会。07年堺利彦、森近運平ら、08年幸徳が新宮を訪問し、交友が深まる。

さらに先をいそごう。情歌、という文字を追う。あるある。

情歌の作家としても活躍した。97年から『団々珍聞』に投稿を始め、03年に鶯亭金升から禄亭永升の号を受けて宗匠となる。

大石誠之助が死刑判決を受け、処刑されたのは、一九一一年、明治四十四年のことだった。情歌の投稿を始めたのが明治三十年、金升から号を受けたのが明治三十六年だ。そして、鶯亭金升《おうていきんしょう》は、大石誠之助と三田平凡寺の情歌の師匠。紀伊の大石と東京の平凡寺が直接会ったという資料は今のところ見つけられないが、この二人は、確かに情歌を通して交遊はあった。平凡寺あての大石誠之助直筆の手紙が手元にある。肉筆の『紀伊升連創立祿亭宗匠立机　情歌集』にはさまれていたことを信じれば明治三十六年六月十一日のもの。鶯亭金升から号を受けた年である。

ふくやかないい字だ。

この手紙の背景や情歌については、おいおい調べるとして、平凡寺は、この手紙をどうして処分しなかったのかと思う。大石誠之助は、この手紙を書いた七年後に大逆罪で処刑されている。平凡寺はまったく社会運動とは関係がなかったと思うが、〃大逆犯〃の手紙を持っていることは恐くなかったんだろうか。平凡寺の無頓着さがあぶなっかしく思えるのだけれど。どんな言いがかりをつけられるかもしれなかったはずなのに。情歌の師匠・金升は明治四十三年十二月の日記に大石誠之助についてこんなふうに書いている。

本年の冬は未曽有の事件あり。無政府党と云える馬鹿者が捕えられ、皇室に対し奉り、不敬の罪軽からずとて、死刑に処せらるると云う噂あり、其頭領は曽て団珍の記者たりし幸徳伝二郎（秋水と号す、団珍に筆をとりし時は、いろは庵と云う）にて、又投書家たりし大石誠之助（無門庵と号し後に升連に入り禄亭永升と号す）も加わりて捕えらる。如何にして十余年の後に、かかる思想の変化せしものかと、竊に嘆息す。噫世の中の人の心の定めなき事斯の如きか、世は欧米の風に染みて道徳の念薄らぎたる此頃、遂に量見違いの不敬漢を出すに至る。嘆息すべき世の光景、かかる事は絶後ならん事を祈るのみ。

平凡寺は大逆事件についてどう思っていたのだろうか。

五月×日　木曜日

情歌雑誌『四季のふみ』第二十二号を開く。四季、とあるだけに季刊だ。明治三十四年一月二十九日発行。口絵写真に、明亭空升が載っている。三田平凡寺、二十四歳の写真だ。美男子と言っていいだろう。聡明という言葉が浮かんでくる。憂愁をその顔に見るのはちょっとうがちすぎだろうか。この前々号（二十号）の口絵写真には、師匠の鶯亭金升が写っている。金升、この時、三十二歳。わかいなあ。平凡寺のわずか八つ年上ということか。

平凡寺は、その金升の写真に書き込みをしている。

勤評「大ニ余ハ先生ヲうやまう　其訳ハ
　余ノ父ニ面影が何所か似て居り升故

絵葉書「諷蕩会封筒製作の光景」　平凡寺撮影
大正９年４月25日　於旧平凡寺庭前

又曰フ他ノ方ハうやまう心が出ぬが
先生斗りニやア頭が上らぬテ」

この口絵写真の横には、こうも書いている。

うやまう者ハないといったが恐れる方が二人ある
曰ク待里庵主　好亭宣升両大人なりッ

待里庵主は、どんな人かよくわからないが、平凡寺が恐れるもう一人の好亭宣升は市川好太郎という芸名を持つ歌舞伎役者だ。恐れたのは情歌の技量だろう。話が脇にそれてしまった。まあ、毎度のことではあるが。今日の本筋、鶯亭金升にもどろう。平凡寺が「先生斗りニやア頭が上らぬテ」とつぶやいた金升だが、没後にまとめられた『鶯亭金升日記』（昭和三十六年／演劇出版社）にあたると、二、三ヵ所、「三田平凡寺（知空）」の名が出てくる。明治三十五（一九〇二）年八月二日。

八月二日　午前に家を出て、四谷に至る。赤坂御所の前にて雨降り来りしも、停車場に入ればば田口米作、三田知空、立田精三、真木痴嚢、石橋饂多、庄田耕峯、近藤居升の、七子来る。雨を犯して行んと協議一決し、七時四十分の汽車にて、先づ八王寺に向う。八王寺町、島村磨升、内田曙升の二子を訪う。午後四時過同地出発、立川にて青梅鉄道に乗り換え青梅を過ぎて、夕刻日向和田の万年館に着す。多摩川万年橋の跡を望み、川音を聞て夜を明したり。

八月三日　多摩川の清流を渡り、石を拾い、百合を手折りなどして、雨中を厭わず遊びつつ、午後二時過の汽車にて、帰京の途に就く。新宿にて人々に別れ夜に入つて帰宅す。

明治三十九年七月一日（日）曇。芝区出征軍人歓迎会を、三田慶応義塾内にて開く。函館恋亭愛升（正木真実）氏、小てつ子、入来、久々にて知空子と語る。

鶯亭金升は、明治三十六年十二月二十日、平凡寺のすすめで芝区高輪車町八十二番二号（泉岳寺前海岸、電車停車場の傍）、つまり平凡寺の隣に引っ越してきた。雨田光平が『明鏡止水——我楽他宗《がらくたしゅう》趣味山平凡寺伝』（昭和四十七年／えちぜん豆本）にいう「鶯亭金升は名声とうら腹にだらしなく、家賃の不払続きで、気の毒乍ら立ちのいて貰った」のか、理由ははっきりわからないが、明治四十一年の暮れには大崎へ引っ越している。この時期が、ちょうど平凡寺が情歌から離れた時とぴったり一致していることが面白い。情歌熱が冷め（と、ぼくには思える）、趣味山平凡寺を開山したのは、金升転居の一ヵ月前、明治四十一年十一月四日だ。

見落としはないと思うが、『鶯亭金升日記』に、平凡寺が登場することは、以後ない。

鶯亭金升の『情歌萬題集』

五月×日　金曜日

今日は、情歌（肉筆）のダンボール二箱を整理する。運座の肉筆記録だ。『広辞苑』に、運座とは「出席者が俳句を作り、秀句を互選する会合。膝回」とある。鶯亭金升『情歌萬題集』（明治二十八年／團々社書店）の口絵に運座会のスケッチがある。これを見ると運座の様子がよくわかる。運座会、相撲会、開巻、判者席と四つのスケッチがきれいに描かれている。

平凡寺のもとに、なぜ運座の肉筆記録がこんなに残っていたのだろう。これがよくわからなかった。だが、ある日、売れ残っていた森長英三郎『祿亭大石誠之助』（昭和五十二年／岩波書店）を店でめくっていて、得心がいった。森長は、ここで伝記とは別に「大石誠之助の情歌」と題した百ページもの論考を書き、その中で情歌の選についてわかりやすく説明している。

（前略）情歌の選について述べておきたい。情歌は「三才」、「五客」、「秀逸」の順で選ばれる。三才は「天」「知」「人」にわかれ、「天」が一番すぐれているとせられ、「地」「人」とつづく。「五客」は「三才」についですぐれているとせられ五人が選ばれるが、「五客」のことを「再考番外」と呼ぶこともある。「秀逸」は「五客」についですぐれているとせられるが、人数に制限はなく、若干名ということになる。

つぎに選者自身の作を「軸」という。選をしたものを巻物に書くときは、最初に秀逸を書き、五客、三才（人、地、天）、軸の順であって軸が最後である。その巻物は選者が天位のものに与えるが、これを「落巻」という。『團珍（團々珍聞）』誌上では、課題で賞金を出す場合のほかは、必らずしも、このような順位を表示して掲載していない。しかし最後に選者の歌が載っている場合は、選者の直前の歌、すなわち後から二番目の歌は「天」位とみることができる。

この説に沿って考えてみると、「天」位をとった数だけ、平凡寺の手元に肉筆記録が集まったということだ。平凡寺は宗匠にせまる実力があったのだろうか。

五月×日　土曜日

今日も、情歌運座肉筆記録の整理。

その中に、平凡寺には珍しく装画もほどこさず、ただ「秀逸」とだけ書かれた味気ない一冊がある。ぼくが気になったのは、表紙の脇に書かれた平凡寺の落書きだ。

遊升閣下

遊升君ハ雄将ニ通ス　ムッ　苦るしい　故字附ダ

遊升のことは、森長英三郎が何か書いていたはずだと『祿亭大石誠之助』を引っ張り出した。

この静亭遊升の実名は中原幸吉であり、日本社会党が創立されたときに前記『光』一三号の「党員名簿第二回報告」で、（中略）党員となったことが報告されている。

森長は続けて書いている。

中原と大石とのかかわり合いはなかったが、それが中原の編集する『娯楽新聞』によって、はじめて関係することになった。『娯楽新聞』は中原の神田の自宅に娯楽新聞社の看板をかけて発行したものであるが、私はまだみることができないでいる。（中略）そしてもしこの『娯楽新聞』が発見されたら大石の最後の情歌を見ることができるであろう。

今、目の前に平凡寺旧蔵の『娯楽新聞』第一号（明治三十九年十二月一日発行）がある。森長英三郎の推論した第三号ではないので、大石誠之助の情歌は載っていない。残念ながら、この号の情歌の選者は、鶯亭金升だ。だが、「娯楽会」というものがあり、賛助会員のトップバッターに「紀伊國新宮町　祿亭永升」とある。大石誠之助だ。中原静遊（中原幸吉）の発刊の辞がある。

（前略）我社《わがしゃ》には今一《いまひと》つの抱負《はうふ》がある、夫《そ》れは日本《にほん》の精華《せいくわ》たる風流文藝《ふうりうぶんげい》、即《すなは》ち平民的文學《へいみんてきぶんがく》として誇《ほこ》る處《ところ》の俳句《はいく》や川柳情歌《せんりうじやうか》の如《ごと》き雑俳《もの》が、今《いま》は全《まつた》く地《ち》に落《お》ちて終《しま》つた。（中略）茲《こゝ》一番《いちばん》我等《われ〳〵》風《ふう》

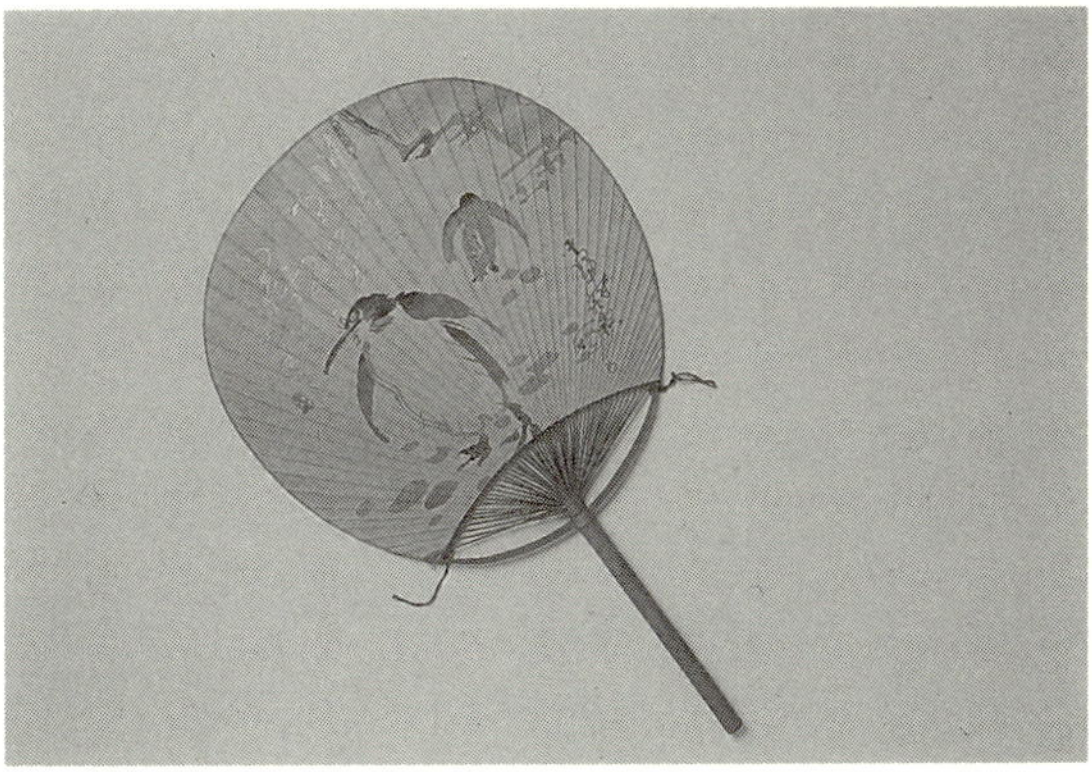

平凡寺戯画木版刷うちわ二種

流黨《りうとう》も大《おほ》いに活動《かつどう》しやうじやないか、さうして此《こ》の光榮《かうえい》ある秋津洲《にほんこく》に一層《いつそう》の美《び》を添《そ》へ、彌《いや》が上《うへ》にも薫《かほ》りを高《たか》らしめて海外《かいぐわい》に誇《ほこ》り、以《もつ》て鼓腹泰平《こふくたいへい》を謳歌《うたは》ふと云ふのである、

そして、思わぬひろいものがあった。平凡寺が表紙絵と挿画を描いていた。中原が「発行の辞」にいう「風流党」の一員としての応援だったのかな。それに表三には、自らの写真館「唯笑館」の広告もうっているではないか。明治三十九年十二月には写真館は存在していたということだ。この「唯笑館」のことは大いに気になる。平凡寺のことだからきっと凝りに凝った宣伝パンフレットを作ったに違いない。「唯笑館」の記録は、今のところ雨田光平のこんな証言しかない。

さて本許り読んで居たのでは飯の糧にはならぬと気がつき、さしあたり写真屋開業に踏み切ろうと決意した。車町二八番地に引越して間もない頃である。
二階の二間をぶちぬいて天井から明りをとり、暗箱写真機を備えつけて、表に看板をでんと出したがさっぱり客足がつかない。或日品川の娼妓らしいのがおしろいをペッタリ塗ってひやかし半分に来たのが悔やしくてならない。それより我家の三毛猫をモデルにしてと試みたが逃げだすので皮靴の中にしばりつけ、初めてマグネシュームを焚いた所、俄然大音響を伴って爆発し、危うくも火事騒ぎになるのを消しとめて無事を得たが、猫は靴を引ずったまゝ逃げてしまった。所が写真の撮影は見事に成功しているので意を強うした。

『明鏡止水』は、読んでいて面白いし、唯一の平凡寺小伝だから敬意を持っているが、いかんせん、雨田個人の記憶のままの記述だから信用しすぎるとややこしいことになる。誤字、脱字も多すぎる。淡島観月（寒月が正しい）などなど。

平凡寺が「唯笑館」を始めたのは、雨田によると「車町二八番地に引越して間もない頃」とあるが、『娯楽雑誌』第八号に平凡寺の転居報告が出ている。「芝区高輪車町二十八番地」とある。この号の発行日は明治四十一年七月六日。さきほどの「唯笑館」の広告が出たのは、明治三十九年十二月、雨田の思い違いと言わざるをえない。揚げ足とりではなく、平凡寺の写真館についてもっと知りたいだけだ。

五月×日　日曜日

美央の友人の作品展を見に荻窪に向かう。池上線・戸越銀座駅で乗り込んできた白髪の男性を見て、「夏目房之介さんだ」と美央がささやく。驚いた。平凡寺のことを古書目録で特集しますとあいさつを一度しなければと思っていた矢先だったからだ。面識がなく、ある人に紹介状をいただけないかとお願いしたのがつい二、三日前のこと。ストーカーではないが、乗り換えた山手線でも一緒の車両になり、不思議な気持ちで三田平凡寺の孫・夏目さんをチラチラ見てしまう。こんなことがあるんだなあ。

荻窪、喫茶「ひなぎく」で作品展を見た後、美央と別れ、ささま書店に向かう。懐には二万円。平凡寺がらみで何か参考になるものをと思って、店内をくまなく探す。二冊買う。『江戸のデザ

イン』（草森紳一／昭和四十七年／駸々堂出版）に『近代沿革図集―芝・三田・芝浦』（昭和四十六年／港区立三田図書館）。

草森さんの本を読むのは初めてだ。ちょっと重いが帰りの車中で広げる。平凡寺は明治九年生まれ。江戸の匂いをこの一冊から少しでも嗅ぎとれたらと、まずは「墓　嗚呼悲しき哉の構造」からスタート。

（前略）江戸時代の庶民の墓は、塚を禁ぜられ、法名を彫り、俗姓名を記すことを禁ぜられていた。墓の大きさも限定されていた。墓地は、死者の世界ではない。生者の世界である。町人の墓だけが馬鹿でかく、武士の墓が小っぽけであることは、墓地の秩序を乱すばかりでなく、地上の秩序を攪乱することであった。墓地は、秩序であり、身分上の差ばかりでなく、成人と小児の墓、男と女の墓は、おのずと分別の大小がつけられていた。

目が開かれるとは、こんな文章を読んだ時に使うんだろうな。

墓地は、私にとって、人間はやはり死ぬものだということを教え、それが当然なのだということを教えてくれるところである。つまり生をたしかめさせてくれる、心のうきうきする場所である。「墓相小言」のいうように、「墓所の奇賞を構べし、或は花紅葉を賞で、或は景地をめで、或は碑銘をめで、或は墓相をめでい」るところなのである。愁傷するよりも、花紅葉の下

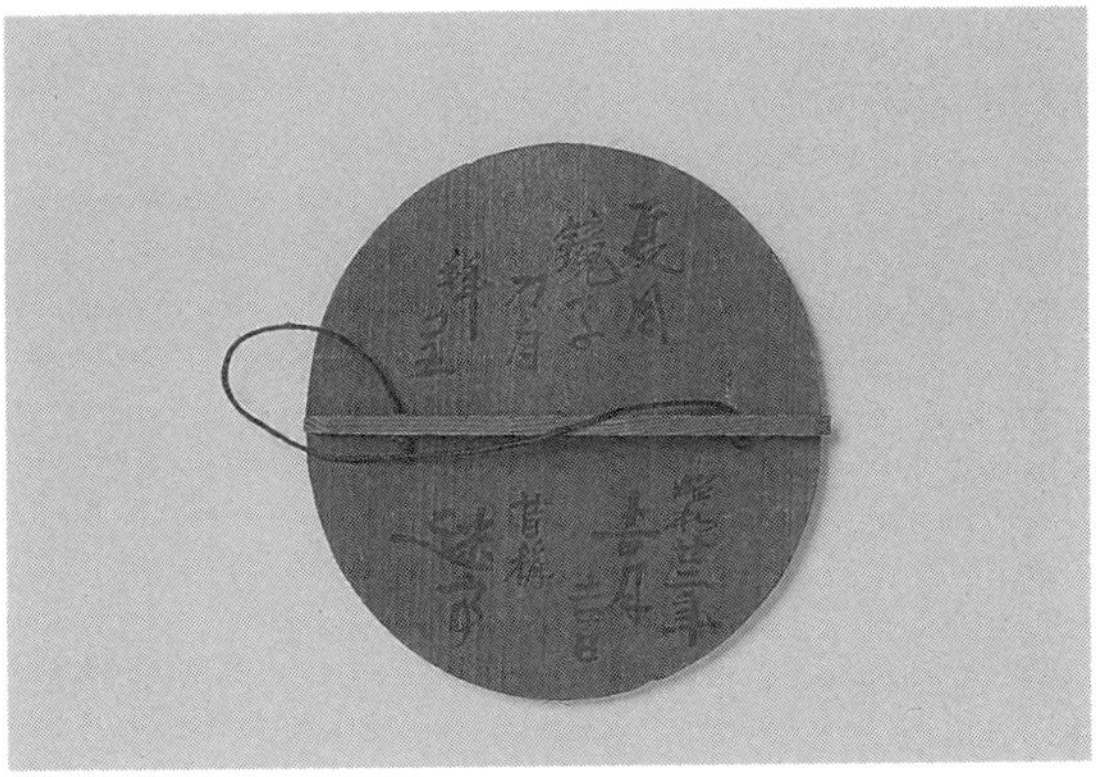

平凡寺肉筆絵「福萬年喜」 昭和22年吉月吉日

で、酒食に騒ぐところかもしれない。そしてこのうきうきした墓所という場は、そのうきうきの中に死の匂いをまぜているので、一層私の血は騒ぐのである。

今まで、草森紳一をなぜ読まなかったのだろう。全著作を集めてみようか。こちらの血が騒ぐ。

「西村伊作研究会」発足

五月×日　月曜日

「西村伊作研究会」発足する。於港や書店。

集まるもの、古本屋五人、文化学院二人。石神井書林、港や書店、ポラン書房、奥乃庫、月の輪。瀬川先生、立花先生。

港やくんの手持ちの西村伊作の著書や関連文献に手をふれながら、研究会の今後について話が進められていく。その一つは、東京古書会館での第二回本のバザールのイベントとして「西村伊作と文化学院」をとりあげる。もう一つは、『彷書月刊』十月号（九月二十五日発行）で特集号を出す。

今日の一回目の会合は、この二本柱を実現させるための話し合いだったのだと、遅まきながら理解したが、ぼくは三田平凡寺追跡で出会った大石誠之助（もちろん伊作も）、ひいては彼らを生んだ新宮という土地や風土を知りたいという思いがまず一番にある。お父さんが新宮出身で、幾度も行ったことのある港やくんに「一度遊びに行ってみませんか」と声をかけられたことがうれしく、即売会のない八月にぜひ連れて行って欲しいと、こちらからお願いした。気が早いぼくは、大石誠之助や伊作が生まれ育った新宮に思いをはせる。三年前、神奈川県立近代美術館で催された『「生活」を「芸術」として　西村伊作の世界』と題した図録を知ったことも今日の大きな収穫だった。

その図録で、あの有名な「モーター・サイクル」を初めて見た。写真が残っていたことに本当に驚いた。大逆事件で捕らえられた大石誠之助を奪還するべくピストルを懐に、一路東京を目指したと聞き伝えられるあの「モーター・サイクル」だ。750《ナナハン》のようなドデカイ奴を想像していたが、華奢な原付に毛のはえたようなものであったが、西村伊作のその時の気持ちを考えると、感慨深いものがある。また、港やくんが話していた、「日本近代建築史では、西村伊作の名は抹殺されている」という言葉も、門外漢のぼくには、深いところはわからないけれども、とても印象的だった。

西村伊作の曾孫の立花先生が、「次回、母を連れてきて話をさせましょうか」と言ってくださったが、お楽しみは最後にとっておきましょうと皆で押しとどめた。エースが最初に出てきては、「ハイ終わり！」になりかねないし、よくわからないことが少しずつ少しずつ見えてくる過程が楽しいから。で、次回は大石誠之助について三十分ほど、ぼくが話すことになった。

港やくんの店に三時間半。その後、茗荷谷駅（地下鉄丸の内線）前の飲み屋で遅い夕食を取った後、散会。帰宅は十二時半。

五月×日　火曜日

さっそく、西村伊作自伝『我に益あり』（昭和三十五年／紀元社）の「モーター・サイクル」のくだりにあたる。

あーっ、ぼくの大きな記憶違いに出合う。伊作は、大石誠之助の〃奪還〃に行ったものとばかり思い込んでいたけれど、〃お見舞い〃だった。昨日の会で、ポラン書房さんが〃お見舞い〃だと指摘してくれたのに、言下に否定して本当に申し訳ないことをした。今度、あやまろう。その箇所はこう述べられている。

親戚たちは代る代る上京してドクトル・大石のためにいろいろな世話をした。（中略）しかし私は行かないでいた。人々は私がそういうところへ行くのは危険だと言った。私がやはり社会主義者としての疑いを受けているので、そういうところへ行ったらまた拘引されるであろうとみんなが心配した。しかし何もしないで、知らない顔をしているということは、あまりに不人情のように思われて私は弟と相談して東京へ叔父を見舞に行こうと計画した。しかし実は東京へ遊びに行きたかったのである。それに叔父の事件に好奇心を持っていたからなのである。

私たちは二台のモーター・サイクルに乗って東京へ行くことにした。一つは私が弟とアメリカから帰るときに持って来た古いものであるが、一つはのちに弟がアメリカから取り寄せたものであった。各々がそのモーター・サイクルに乗って東京へ出発した。

私は毛皮のオーバーを着ていた。トラの皮のように見える毛皮だった。新宮から神戸までは汽船で行ったが、神戸からは東京まで八〇〇キロ以上をモーター・サイクルで走るつもりであった。

大阪でピストルを買った。私と弟は一つずつアメリカからピストルを持って帰ったのであるが、私のピストルは家宅捜索のときに警察へ持って行かれたけれどもまた返してもらった。弟のは新宮の町で、イヌが弟に向かってほえたのでピストルを出してイヌを射った。警察で調べられて「そういうピストルを持って町で射ってはいけない」と言われた。それで弟は、「いや、もうこのピストルはいらないのだ。ここで私はこわしてしまおう」

と言って警察で石の上に置いて、大きな石を拾った、そしてそれでたたきつぶしてしまった。だから私はピストルを持っていたが、弟のために大阪で一つのピストルを買ったのである。その時代にはピストルを買うにも許可がいらなかった。

そして私たちは東京へモーター・サイクルを走らせた。途中、いなかの宿屋へ泊まっては翌日また走らせた。が名古屋の手前で私の乗っていた古い方がこわれて、ブレーキがきかなくなってしまい、鉄道の踏切で遮断機の降りたのへぶつかって、遮断機をこわしてしまった。そういうことがあったので私は名古屋の宿屋にモーター・サイクルを預けて置いて、汽車へ乗って先へ東京へ行くし、弟はひとりでモーター・サイクルで東京まで走った。

次のくだりでは大いに笑ってしまった。西村伊作兄弟って面白い。

私たちがモーター・サイクルで旅行したということを知った警察はびっくりした。警察は私たちを尾行しなければならぬ。ところがその時分は警察にモーター・サイクルはなかった。だから尾行することができない。だから自転車を使った。警察は道ばたに隠れて私たちの行くのを待っていた。私たちが過ぎ去ると彼らは全速力で自転車で追っかけた。けれどもわずかな道を走ってもはるかに遅れてしまって尾行することができない。そうすると彼らは電話をかけて次の警察へ知らせたので、次の自転車がまた追って来た。うまく尾行できないで彼らは非常に困ったらしい。

私の弟がひとりでモーター・サイクルを走らせてとうとう横浜の近くに来たとき、警視庁の巡査が尾行し出した。警視庁にはそのときたった一台の古いモーター・サイクルがあった。その尾行のモーター・サイクルが途中で動かなくなってしまった。それで弟は「その車をひっぱってやろう」と言って巡査の持っている捕縄でひっぱり、東京まで走り、そして私の待っていた宿へ着いた。

このお見舞いは、結局実現せず、伊作兄弟は警視庁の拘置所に二十九日も拘留されてしまう。拘置所を出たのは明治四十四年一月三日、その三週間後、大石誠之助は死刑に処せられた。

大ぜい親戚が集まって通夜をした。まだ夜が明けないうちに葬式の儀式でなしに、牧師の沖野氏が自分で長く紙に書いて来た文章をみんなの前で読んだ。読んでしまってからその紙にすぐ火をつけて火ばちの上で焼いてしまった。葬式は公にすることができないことになっていたから、みんなは「さあ行きましょう」と言って墓場へ向かった。（中略）墓場の土を掘って骨を埋めた。ほんとうは墓標を建ててだれだれの墓ということを書くのであるが、それもいけないと警察が言うからただ棒を立てた。

大石誠之助の最期を読んでいるところに、先日、調べものをお願いした広島県立図書館から回答のFAXが送られてきた。真木痴嚢について、である。

平成17年5月13日にお問い合わせのこのことについては、次の資料に記述があります。【　】内は当館請求記号
『飽薇』第1巻第1号　大正14年1月28日【H20／H81／1】
p36〜37「狂歌」として、真木痴嚢の作品が掲載されています。
『飽薇』第1巻第6号　大正14年6月28日【H20／H81／1】
p14〜17「真木痴嚢氏の略履歴」（小鷹狩元凱）という記事が痴嚢の肖像写真とともに掲載されています。著者は、痴嚢と同郷の人で、痴嚢が東京に出てから交流のあった人物です。
『狂歌人名辞書』狩野快庵／著、臨川書店、1977【R911．19／Ka58】
p132「痴嚢」の項目に次の記述があります。

「眞木痴囊、山陽道人と號す、通稱幹之助、元と安藝の産、東京に出て團々珍聞の記者たり、明治年代の狂詩大家にして又狂歌に巧みなり、大正十四年四月十二日歿す、年七十三。」

いやあ、うれしい。さっそくお礼のFAXを。県外からの直接の複写はしていないという。でも、地元の図書館を通じてはオーケーだという。平凡寺目録の重要登場人物・真木痴囊には、ぼくの知る限り評伝がない。お知らせいただいた雑誌『餉薇』の存在を知ったことは本当にありがたい。少しずつ、平凡寺の脇を固めていこう。

五月×日　水曜日

なないろさんに頼んでいた『大石誠之助全集』（昭和五十七年／弘隆社）が届く。後で落ち着いてゆっくり読むこととし、気になる情歌のところを走り読みする。初出誌にたんねんにあたり、発表年月日順に並べた労作だが、何故、大石誠之助が情歌に一時にせよ心を奪われ打ち込んだのかは伝わってこない。情歌は、肉筆の運座記録にあたるところから始めよう。忘れ去られた「文学」に光をあてるには写真版がふさわしいと改めて思う。運座という真剣勝負の遊びが楽しかったのだと思う。記録は、その残りカスだったとしても、そこから情歌の魅力を伝えることは古本屋には出来る。

明日は、「趣味展」の搬入。全集を閉じて先週の五反田入札市で買った荷をほどき、美央に片っ端から均一のシールを貼ってもらう。今月の家賃と生活費を二日間で稼がねばならない。わかっているのに、荷の中にあった一冊につまずいてしまった。気にも留めずに買った十八本口の大山の中にあった一冊。
中上健次だ。『紀州　木の国・根の国物語』（昭和五十三年／朝日新聞社）。
いつもなら、二百円のシールを貼ってオサラバヨの一冊をつい開いてしまった。中上健次は、紀州は新宮の生まれだった。平凡寺からスタートし、大石誠之助、西村伊作ときて、ついに中上健次にいたったか。中上健次を読んだのは新聞配達少年が主人公の『十九歳の地図』のみ。ちょうど、西武池袋線江古田で住み込みで新聞配達をしていた、まさに十九歳の時だった。急に、当時のことが懐かしくなってきた。住み込み仲間のタケちゃん（確か五浪でぼやいてばかりいた）。サトーさん（初めて池袋スカイ劇場のストリップに連れて行ってくれた）。所長さん（奥さんはきれいだったなあ）たちは、今、どこで何をしているんだろう。想い出は置いて、中上健次だ。

新宮を、**シ**ン**グ**ウと呼ぶのは、東京弁である。シン**グ**、それが正しい。**シ**ン**グ**ウのイントネイションは尻下がりであり、シン**グ**は尻上がりである。土地の者で、**シ**ン**グ**ウなどと発音する者はいない。（中略）新宮を、シン**グ**と発音すると、原初の響きがある。この国の歴史にも、この国のどの地図にも書き記されていない未開の、処女の、原初の土地が、紀伊半島、紀州、熊野の里に在った、そんな気にもなる。

その新宮は、何度考えても不思議な土地だ、とこの新宮に生まれた私は思う。新宮の土地に降りたって、まさに原初の、記紀の時代からこの国の神話に登場するこの土地が、やはりここは異貌の国、大和に平定された隠国《こもりく》というのがふさわしい、と思った。だから、と言ってよい。隠国・熊野だから、この新宮、シングは、いつも様々な貌を持つ。熊野信仰の中心地でもあったから寺社町であり、紀州藩水野出雲守が治める城下町であった。熊野川の川口付近に出来た池田港や川原につくった川原町を中心とした交通の宿場町であったし、商業の町でもある。実際とらえどころがない。吉野熊野国立公園の真ん中にある観光の町としてレッテルを貼りつけようとしても、市内に観るべきものもないし、温泉も出ない。観光というレッテルには間尺があわない。

その新宮が、紀州、紀伊半島をへめぐる旅の出発点だった。

シングと声に出して、巻頭口絵の地図で新宮を見つめる。平凡寺は、中上健次を使い何かとんでもないところへぼくを連れて行こうとしていないか。

五月×日　金曜日

「趣味展」初日。客の入り多し、ありがたい。

この展覧会仕事の合間をぬって、同じ古書会館で開かれている明治古典会をのぞく。次週の「五反田遊古会」展用の大山でめぼしいものをと思ったが、そううまく狙ったものは出ていない。今度は平凡寺がらみで何かないかと見ていると、大石忠雄さん（大石古書店）が声をかけて下さる。江戸時代の素浪人風の髪型であるが、いつも笑みをたやさぬ温和な大石さんは、ぼくが平凡寺を蒐めているのを知っており、半年程前、我楽他宗機関誌『趣味と平凡』を分けて下さった人。踏み込んで話をしたことはないけれど（実のところ、どんな古本商売をされているのかも知らない）、何かと気にかけて下さる。今日は、手幅ほどもある大きな一枚のコピーを「参考になれば」と下さった。

表題は「郷土玩具の流れ（明治末年より終戦の年まで）」。「集古会」、「郷土会」、「大供会」の結成日やメンバーの名前が書きつらねられ、そうした会が、その後いつまで続いたかなどが、細かく書かれている。平凡寺のことはもちろんだが、ここに載っている郷土玩具雑誌を全部蒐めるゾという気持ちにさせてくれる一枚だ。いい目録を作って下さいよ、という大石さん流の励ましだろう。

港やくんにも会って、夏の新宮行のことを話す。本当は覚えたてのシン**グ**を使ってみたかったが、チト恥ずかしくシン**グ**ゥと発音してしまった。石神井さん、ポランさん夫婦も参加したいとのこと。我らが西村伊作研究会もたいしたもの、美央も誘って大所帯での西への大移動、楽しみだ。

「でも、ホント、何にもない所ですけどね」という港やくんの言葉を聞くのはこれで四、五回目だけれど、大丈夫、大石誠之助の墓参りがぼくの願いだから。

平凡寺とメイエルホリド

五月×日　土曜日

「趣味展」二日目。行きがけの車中で『紀州』を読む。中上健次は言う。

紀州、紀伊半島をめぐる旅とは、（中略）道すじに点在する被差別部落をめぐる旅にもなる。

そして、その序章は、こう締めくくられる。

大逆事件に新宮の高木顕明の浄泉寺が登場する。そこで、檀家の被差別部落民に、幸徳秋水をむかえて紀州の新思想者やモダニストらが、クロポトキンやバクーニンの名前を出して演説をぶつ姿を今、私は想像する。

これは、中上健次の単なる夢想なのか？

五月×日　日曜日

店の中を雨が降り注いだ悪夢のような光景は、今もありありと思い浮かべることがある。それは、八年前の日曜日のことだった。だから、休みであっても外出しない限り、一度は店をのぞく。今日も自転車を飛ばしてやって来た。のぞきついでに、気がかりになった高木《たかぎ》顕明《けんみよう》の経歴にあたることにした。

高木顕明は、平凡寺の一回り上の元治元（一八六四）年、愛知県生まれ。いくつかの寺を転々としたのち、明治三十（一八九七）年、新宮馬町の浄泉寺の住職となった。そこの門徒百八十人のうち百二十人が被差別部落民であったという。

『日本アナキズム運動人名事典』からだが、こうもある。「貧しい檀家の布施に頼らぬために、按摩で糊口を凌いでいたらしい」と。『大石誠之助全集』の口絵に西村伊作が描いた「新宮絵図」がある。そこには、熊野川、三本杉遊廓、キリスト教会、警察署、大石誠之助、佐藤春夫、沖野岩三郎といった名前の中に浄泉寺・高木顕明と記入されていた。大逆事件の共犯として秋田監獄へ送られた高木顕明は、大正三（一九一四）年六月二十四日、自決した。高木の骨はどこに葬られたのだろう。

西村伊作の「新宮絵図」を歩いてみたい。

五月×日　月曜日

「平凡寺とメイエルホリド」。

この突飛な考えが、ふと浮かぶ。いや、ふと浮かぶなんてことがあるはずがない。メイエルホリドの名前を知ったのは、実は十分前のこと。先日、五反田入札市で買ったダンボール四箱を調べていくうちに、メイエルホリド研究者・佐藤恭子のものであることがわかったのだ。メイエルホリドも佐藤恭子も知らないぼくのところへ、この生資料がどうしてやってきたのか。ダンボールの中から、佐藤恭子の核心と思える『メイエルホリド』（昭和五十一年／早川書房）を取り出す。巻末のメイエルホリド年譜には、おびただしい書き込みの跡がある。増補版のチャンスがくれば訂正しようとしていたに違いない。気迫あふれる書き込みだ。

メイエルホリド、一八七四年、明治でいえば七年二月十日生まれ。平凡寺と同世代の海外代表として登場させたら面白いんじゃあないだろうか。そう思ったのだ。それと、もう一つ。平凡寺の情歌仲間に小山内薫がいる。小山内薫は、少年時代「東亭扇升」と号し、情歌に入れあげていた一時期があった。平凡寺の情歌時代を描く際、小山内薫にはぜひ登場していただきたいと思っている。「東亭扇升」時代のことをきちんと調べた論考はあるのだろうか。いつものことながら話は脇へ脇へとずれていく。

ダンボールの中には新聞の切り抜きもある。佐藤恭子が、「ソ連の演劇国際シンポに参加して」（『朝日新聞』平成元年四月六日付夕刊）というタイトルをつけた一枚があった。同時に佐藤恭子のプロフィールも。メイエルホリドについて、佐藤は、同記事で、こう書いている。

メイエルホリドはソ連を代表する世界的名声の演出家だった。モスクワ芸術座の創立メンバーとしてプロの演劇生活をはじめ、そこを退団してからも、帝政ロシアの首都ペテルブルクで数々の名舞台をつくり、独創的な実験をしている。十月革命後は、演劇革命のスローガン〈演劇の十月〉をかかげて、芸術界のアバンギャルド運動の先頭に立った人だった。彼の仕事は、二十世紀の世界の演劇に少なからぬ影響を与えている。そのメイエルホリドが一九三九年六月二十日に逮捕され、翌四〇年二月二日には、モスクワの監獄で銃殺された。理由は？　スターリンによる粛清という他、説明のしようがない。彼にかけられた容疑は、〈日本のスパイ〉。荒唐無稽（こうとうむけい）というのは、こういうことだろう。以来、〈人民の敵〉であるメイエルホリドは、ロシア・ソビエト演劇史の中では完全に抹殺されていた。

一人は長寿を全うし、一人は粛清された。しかし、まぎれもなく同時代の二人だ。何だか、巨視的に時代を見よと言っているような（平凡寺はこういう言い方は絶対しないが）。誰だろう。空耳か。

五月×日　火曜日

「紀州」ラッシュは、まだ続く。先日の明治古典会で買った雑誌の大山の中から『沖野岩三郎論』（岩居保久志／昭和五十八年）が出てきた。わずか十六ページの小冊子だが、いや、だからこそというべきか、ありがたい。こんな見つけにくいものを手に出来たのだから。

さっそく『日本アナキズム運動人名事典』にあたる。

沖野岩三郎は、平凡寺と同じ明治九（一八七六）年、和歌山県寒川村生まれ。明治四十年に明治学院を卒業して新宮教会に赴任。翌々年の明治四十二年一月、大石誠之助が開いた新年会に出席しなかったため、この会を「謀議」とする大逆事件の連座を奇跡的に免れた。平凡寺と同い年ということもあって、沖野岩三郎の経歴中、「故郷で日露戦争反対を唱え、04（明治三十七）年追放されて上京、明治学院神学部に入学」の箇所にハッとした。平凡寺は、日露戦争をどう思っていたのだろう。

第二次世界大戦ならまだ生資料を古本市場で手にすることもあり、ある程度、イメージ出来るのだが、日露戦争となると全く歯がたたない。日露戦争は一体いつ始まったんだ？　明治三十七（一九〇四）年二月六日国交断絶、日露戦争始まると、ものの本にあるから、平凡寺は満二十七歳。でも平凡寺は、生涯徴兵されることはなかった。平凡寺は耳が聞こえなかったから。

（前略）十二才の頃近所の友だちと遊んでいた折、ササラ様のものを鼻の穴に立てゝふざけたはずみに転んで大怪我をした。鼓膜を破って膿を出すより外に道がなく、それでやっと命をとりとめたとの事である。

この記述（雨田光平『明鏡止水』）を信ずれば、数えの十二歳として、明治二十（一八八七）年のこと。平凡寺に書き込み本が多いのは、耳のせいも多分にあったと思う。耳が悪かったから、絵画や文芸に打ち込み、才能が花開いたのではないか。書くこと、書き続けること。平凡寺の生涯には、文字への執念を感じる。平凡寺に『以毫換舌』と題した肉筆帳がある。その肉筆帳を二枚めくると「舌代」と題して、こんなことが書いてある。

我四五才の折　悪戯が
原因となり十四才
にして両耳を
つぶす　御手数乍恐
縮　筆談にて　御
用向き伺ひ度候（以下略）

先ほどの雨田光平の一文と平凡寺のこの一文を合わせてみよう。

「平凡寺が四、五歳の頃、近所の友だちと遊んでいて、ササラ（竹を細かく割って、それを束ねたもの）のようなものを鼻の穴に立ててふざけたはずみに転んで大怪我をした。最善をつくしたものの、当時の医学では完治することが出来ず、十四歳の時にとうとう両耳が聞こえなくなった」

大事なのは、平凡寺が「十四歳にして両耳をつぶす」と書いたところ。明治二十二（一八八九）年に聴覚が失われたと判断していいのではないか。

沖野岩三郎に戻ろう。

森長英三郎『祿亭大石誠之助』に「沖野岩三郎の小説にあらわれた大逆事件」という論考がある。

（前略）沖野は大逆事件の大石をはじめとする紀州グループと深く交わり、危く連累者とされるところを逃がれた者であり、大石らが逮捕され処刑されたあとあとまでも救援活動をつづけ、また高木顕明、崎久保誓一の弁護人として平出修を紹介し、平出の事務員和貝彦太郎から資料を入手し、また話を聞いたと思われるので、沖野の描く小説に大逆事件の事実が織りこまれていると考えられやすい。そこで沖野の小説のなかに大逆事件の事実がどの程度に織りこまれているかをみることも意味のないことではあるまい。

『宿命』（大正八年／福永書店）『生を賭して』（大正八年／警醒社書店・弘栄堂）『煉瓦の雨』（大正七年／福永書店）『私は生きてゐる』（大正十四年／大阪屋書店）。

森長が取り上げたのは、以上の四冊。このうち『宿命』が手元にある。いずれ読むとして、『大石誠之助全集』の隣に『宿命』を戻す。

「西村伊作研究会の第二回は六月十三日、月曜日、前回と同じ港や書店で」と、昨日、石神井さんから連絡があった。あと二週間。大石誠之助が打ち込んだ情歌の魅力を、みんなの前でうまく話せるだろうか。ここ数日の〝紀州ラッシュ〟で頭の中は大混乱。また、肉筆の情歌運座記録に戻って、「明亭空升」（平凡寺）、「祿亭永升」（大石誠之助）、「東亭扇升」（小山内薫）とつきあうことにしよう。

五月×日　水曜日

二年間、忘れていた「路地へ　中上健次の残したフィルム」（青山真治監督／平成十三年）のことをフト思い出す。で、観ることにした。時間にして約五十分。中上健次の〝路地〟がひしひしと伝わってきた。そして、紀州の憑き物が何か落ち、ラストカットの熊野灘の海をぼんやりながめた。

夕刻、岡山より国立がんセンターの定期検診のため母、上京す。

五月×日　木曜日

西村伊作研究会発表に向けて、『鶯亭金升日記』を手に取る。大石誠之助の情歌の師匠。師匠といっても、鶯亭金升は明治元（一八六八）年生まれだから、慶応三（一八六七）年生まれの大石誠之助より一つ年下だ。待てよ。慶応三年生まれである一冊の本を思い出した。いつか読もうと思って、放りっぱなしにしていた一冊のことだ。

『慶応三年生まれ　七人の旋毛曲り《つむじまが》』（坪内祐三／平成十三年／マガジンハウス）だ。副題に「漱石・外骨・熊楠・露伴・子規・紅葉・緑雨とその時代」とある。大石誠之助は、七人の旋毛曲りたちと同い年だったんだ。灯台もと暗し、とはこのことだ。大石誠之助が登場しなくても、今、一番知りたい明治の青春の息吹を、この本からつかみとれないか。まだ「大石誠之助の情歌」発表まで時間がある。

お昼過ぎ、美央と「五反田遊古会」展の本並べに池上線に乗る。

宮武外骨の言葉

五月×日　金曜日

「五反田遊古会」展初日。

朝一番の均一当番を終えて、すぐさま御茶ノ水の東京古書会館での明治古典会に駆けつける。雑誌の山の中に紛れ込んでいた戦時中の生活苦を訴える青野《あおの》季吉《すえきち》の手紙の束を首尾よく落札。これで調子づき、カンが働き、豆本小ダンボール六箱の中に『明鏡止水――我楽他宗趣味山平凡寺伝』（えちぜん豆本）を発見。これは力が入りすぎてチト高すぎたか。さらに珍しやチンドン屋の生写真帖の束を平凡寺の子供時代を描くのに使えると思って手に入れたのはよかったが、さて、チンドン屋は明治の初期にはたしてあったのかと疑問が頭をよぎる。チンドン屋はいつ生まれたんだ？　何だか昭和の初めに生まれたような気がしてきた。見れば、一冊を除き戦後のものだった。大枚をはたいて手に入れたのに、平凡寺目録に取り込めないのは、痛い。

失敗したかと肩を落としているところに、内藤さん（文学堂書店）から、「チンドン屋を買ったのは、君かい」と声をかけられた。力なくうなずくと、「アレは珍しいよ。あれだけまとまって生資料が出たのは、今まで見たことがないよ」と。内藤さんは、古本屋生活六十年に及ぶプロ中のプロ、神様のおつげのようなお言葉を素直にいただく。平凡寺目録に取り込めなくても、面白い資料を入手出来たのだからイイジャナイカと思いなおすことにしたと言いたいところだが、やはりチンドン屋の誕生日が気になる。五反田の南部古書会館への道すがら、パチンコ店の前でついこの間見かけたばかり。あの時は、さして気にも留めなかったのに、今は、切実に知りたい。チンドン屋はいつ生まれたのか。そして、明治に決まっているじゃないかと誰かに言って欲しい。

五月×日　土曜日

「五反田遊古会」展への行きがけに店に寄り、『増補改訂　明治事物起源』（石井研堂／昭和十九年）を、祈るようにして開くが、「チンドン屋」は載っていない。石井研堂でダメならアウトと思いつつも、ひょっとして『広辞苑』には、と。

人目につきやすい服装をし、太鼓・三味線・鉦・らっぱ・クラリネットなどを鳴らしながら、大道で広告・宣伝をする人。関西では「東西屋」「広目屋」という。

これだ、と「東西屋」「広目屋」にあたるが、またしてもない。「鳥の糞」や「人見絹枝嬢」は載っているのに。あきらめて、ひょいと見上げた拍子に、『新装版　明治世相編年辞典』（平成九年再版／東京堂出版）と目が合った。そして、やっと見つけた。

広目屋の楽隊（明治18年）1月　広告業（広目屋《ひろめや》）が、楽隊を雇《やと》って宣伝に用いること始まる。

平凡寺は、この時、八歳。どこかで広目屋を見たに違いない。これで、戦前の一冊を平凡寺目録に取り込める。あとの四冊は、七月の「趣味展」目録に使うことにしよう。

五月×日　日曜日

昨日、坪ちゃんからもらったばかりの最新刊『古本的』（平成十七年／毎日新聞社）を朝から読み始め、夕刻、読了。

夜、美央と川崎に映画「ミリオンダラー・ベイビー」を観に行く。待ち時間の間、近くの近代書房さんに寄る。『山中共古　見付次第／共古日録抄』（平成十二年／パピルス）。『値段の明治大正昭和風俗史』（昭和五十六〜五十九年／朝日新聞社）。『蘿舞連多雑考』（池田文痴庵／昭和三年／文藝資料研究会編輯部）などを買う。平凡寺目録に使えるもの、参考になるものが手に入る。それでもまだ時間があったので、映画館の側の喫茶店に入り、美央は村上龍の『半島を出よ』上巻、ぼくは『値段の明治大正昭和風俗史』の中から田中小実昌さんの「自転車」を読む。『古本的』の中で一番心に残る一文が、「田中小実昌が「主語なし」で訳した本」だったから。映画上映まであと三十分。

五月×日　月曜日

夕方、五反田での展覧会の荷と明治古典会の落札品が届く。さっそく、チンドン屋生写真帖のダンボール箱を開ける。戦前の一冊を平凡寺の棚へ移そうと思ったが、どこにもない。ぼくが、戦前のものと思い込んでいたのは、写真がいい感じで古びた昭和二十五年のものだった。まいった。チンドン屋について調べもついていたのに。この資料は切り離すなという旧蔵者の意志で、戦前のものが昭和二十五年に化けたのか。いや、思い込みで見誤ったぼくのミスだ。しかし、価値が下落したわけじゃなし、内藤さんの「珍しいよ」の言葉を励ましに、戦後チンドン屋資料として次回の「趣味展」に使おう。

夜、寝床で『慶応三年生まれ　七人の旋毛曲り』を読み進める。

生まれてから五六歳までの間は、子供育ちでなんらの記憶はなく、生年月日などは両親から聞くのみである。それによると慶応三年正月十八日生であると云うが、村役場の戸籍には慶応元年正月となって居る、どうして二年の相違があるかと云うに、明治五年十二月徴兵令の公布があって、国民皆兵の制が採用されたが、それには老幼にかかわらず一家の戸主は常備兵現役の義務を免がれ得る規則があったゆえ、予は幼少ながら分家格の戸主となったのであった。しかるにその後の改正で慶応二年前に分家した者でなければ、常備兵役を免がれられないことになったので、戸長たる父が右のよう戸籍を改竄《かいざん》して慶応元年生としたのである。こういうことは当時としては別に、たぐい稀なことではなかったようだ。

と、宮武外骨の言葉を引き、坪内祐三は、「明治の初めに、徴兵忌避は珍しいことではなかった」と言う。そうだったのかと思うと共に、明治のことを何もわかっていないことを痛感する。本には読むタイミングがある。この『慶応三年生まれ　七人の旋毛曲り』、ぼくにとっては今一番旬な一冊だ。五年間、寝かせて置いてよかった。

五月×日　火曜日

仕事の合間をみて、『内田魯庵山脈』（山口昌男／平成十三年／晶文社）のうち、平凡寺の一章を読む。

そもそも、三田平凡寺の名前を知ったのは、山口先生の口からではなかったかと思う。趣味人として淡島寒月が太陽で平凡寺は月、ずっとそんな勝手なイメージのまま十年が経った。昨年秋の平凡寺旧蔵本入手から、少しずつ少しずつ、その実像に迫っていこうとしてきたが、まだわかっているのはほんの点で、九割方が謎のままだ。久々に山口先生の文を読んで、平凡寺と神戸の西村旅館の館主・西村貫一との交流に一番に目がいった。以前は、読み飛ばしていた箇所である。

（前略）平凡寺は西村家の信用を得て、戦争中相当長く西村家に滞在していた。平凡寺の設計した別邸が今も戦災を免れて残っているという。
西村旅館は明治創業で、満洲をはじめとして東アジア関係で要人の出入りが多かったとき、その大半がこの旅館に止宿したので、世に知られていた。『西村旅館年譜』という旅館の日記が私家版で出されている。西村貫一は戦前日本の最良の国際人の一人で、ゴルフ文献の研究家でトップの人であった。

平凡寺旧蔵書の中に戦時日記があり、私生活のことを書いていたなら、もうむさぼるように読んでしまったところだが、それは家相研究の覚え書きでチンプンカンプン、ダンボール箱の底にしまったままだ。その戦中家相研究覚え書きに、確かいろんな家の設計図が書かれていた。ひょっとして西村貫一の別邸設計図もあるかもしれない。ダンボール箱をさぐれば、すぐわかることだが、今は開かない。わかってしまうと面白くない。とにかく、今は、『西村旅館年譜』が読みたい。旅館、設計図とくれば、建築専門店・港や書店だ。夜中の十一時、ＦＡＸにて在庫確認を送信する。果たして西村貫一を手に出来るだろうか。

おやすみ。

六月×日　水曜日

朝九時に出発で横浜に本を買いに行く。

お客さんを紹介して下さったのは、下川耿史さん。「本の整理で困っているから行ってくれないか」と。下川さんは、以前、ここ蓮沼に事務所を持っていて、駅前の定食屋「石川」でよく一緒に夕食をとった仲。一度だけ本を売ってくれたことがあった。それが、我楽他宗機関誌の『趣味と平凡』（大正五年九月／非売品）の全揃だった。十年程前のことで、ぼくは興味もさほどなく、目録に載せて売った。ただ、儲けすぎてちょっと気まずいなと思っていたら、駅前で下川さんとばったり会い、「月の輪にはやられたよ。あれを二十五万で売るとはたいしたもんだ」。逆に、そうほめられて恐縮してしまった。下川さんは蓮沼から品川に移られ、定食屋「石川」は廃業してしまった。数年ぶりに聞く、下川さんの声だった。

行ってみると、お客さんは刺青師の人だった。初めて彫師と出会った。

夕方、買ってきたばかりの本を整理していると、港やくんからTEL。自分の所には『西村旅館年譜』はないが、インターネットで検索したら、神戸の古本屋さんにあったので、と教えてくれる。そして、西村貫一なら、別の本なら在庫があり、それは戦中の隣組日記だと言う。耳を疑った。山口先生の「戦争中相当長く西村家に滞在していた」という平凡寺。平凡寺、出てくるかもしれない。登場しなくても、平凡寺の戦中資料としてぜひとも欲しい。

港やくんに、六月十三日の「西村伊作研究会」の折にお金を持っていくからと約束し電話を切る。ちょっとついているかもしれない。平凡寺が戦時中、身を寄せていたという西村貫一の日常はどんなふうだったのだろう。

『西村旅館年譜』

六月×日　木曜日

朝一番、澤田書肆さんへ『西村旅館年譜』を電話で注文する。お会いしたこともないのに同業割引をしてくださると言う。ありがたい。

昼過ぎ、先日、調査依頼を出した福井県立図書館の坪田さんからコピーが届く。遠く福井の郷土資料が、わずか二、三日で手に入れられる。便利になったものだ。調査依頼したのは、福井藩最後の藩主・松平茂昭《もちあき》とその嫡男・康荘《やすたか》について。松平康荘が、平凡寺の我楽他宗の一員だったからだ。『明鏡止水』には、この松平康荘と平凡寺との出会いが記されている。

松平康荘（福井藩最後の藩主松平茂昭の長男）は青年時代イギリスに遊学し、農芸を専攻して帰国すると、城内に農事試験所を設け果樹、園芸に専念した。終身貴族院議員の要職にあったが仕事は仕事として指導者養成に十分に手腕を発揮した。唯一つ時々癇癪玉が使用人の頭に落ちてくるのが一番の難点であった。

お出入りの人が平凡寺の宗員だったので一日本山に案内した所、何しろのんびりとした雰囲気にすっかり魅了され、時には朝から夕方までのお参りが続き、世界のパイプ、時計、大小木魚の数の蒐集は他寺を圧して第二番札所の貫録十分、まるで昔とは打って変った福徳円満の好紳士になられたが、（後略）

松平康荘が、いつ平凡寺を訪ねたのかは、わかっている。與太山玩狐寺こと玩具研究家・有坂与太郎が大正十四年三月二十日に調査した『大日本我楽他宗本山趣味山登山平凡寺参詣回数』という一枚刷の記録が手元にある。この中に、北越山文珠寺こと松平康荘の記録がある。大正十年三月二十一日に初めて平凡寺を訪ねている。松平康荘は、東京に別邸があったのだろう。五年間に三十三回の参詣が、そのことを裏付けている。別邸は、東京のどこにあったのだろう。

さて、この我楽他宗とは一体、どんな集団だったのか?

我楽他宗機関誌『趣味と平凡』はゆっくり読み込むとして、『郷土玩具辞典』（斉藤良輔編／昭和四十六年／東京堂出版）に聞こう。


第一次世界大戦後から昭和期戦前のころにかけて存続した収集趣味家たちの交遊会。寺号をそれぞれ雅号とする好事家の集団で提唱者は三田林蔵。自ら第一番趣味山平凡寺と名乗り、大正八年（一九一九）一〇ヶ寺の会員を集めて発足、絵馬、土俗玩具、干支玩具の他収集趣味の同好者が参加、翌九年には斉藤昌三、宮崎線外、田中緑紅、稲垣豆人、さらにアメリカの民俗学者フレデリック・スタールなども会員となり二五寺に増加、西国三三カ所にちなんで会費三三銭の月例会を開き、各趣味品の交換などを行った。


そして大正十三年の会員名簿が載っている。「▽第一番趣味山平凡寺（何でも）▽第二番北越山文珠寺、松平康荘（小形木魚）」とある。かっこ内は蒐集品だ。その松平康荘に戻ろう。

先日の明治古典会で、『明鏡止水』発見がきっかけで豆本六箱を買った。その中にえちぜん豆本が三十冊入っており、シリーズの一冊『福井藩盛衰記』（舟澤茂樹／昭和四十六年）を手に取った時、松平康荘のことを思い出した。平凡寺旧蔵書の中に「福井文珠寺部屋」と裏書きされた古い写真があり、一人の老人が写っていた。この人物を最初、平凡寺だと思った。でも、どこか違う。

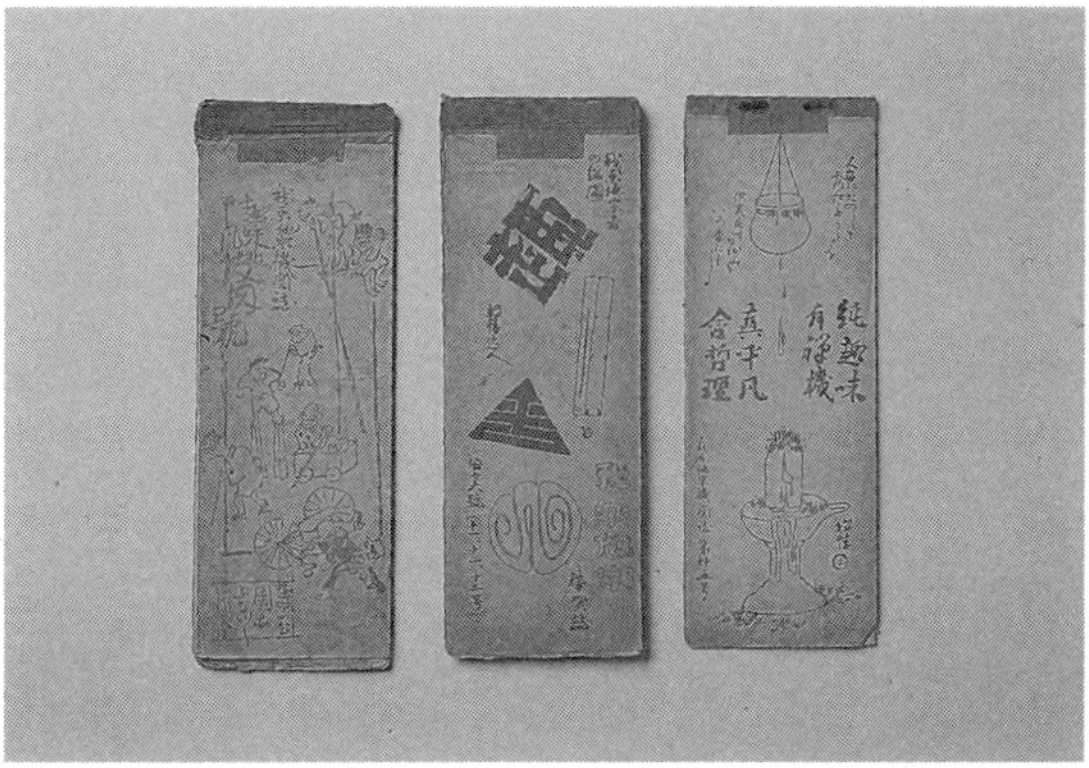

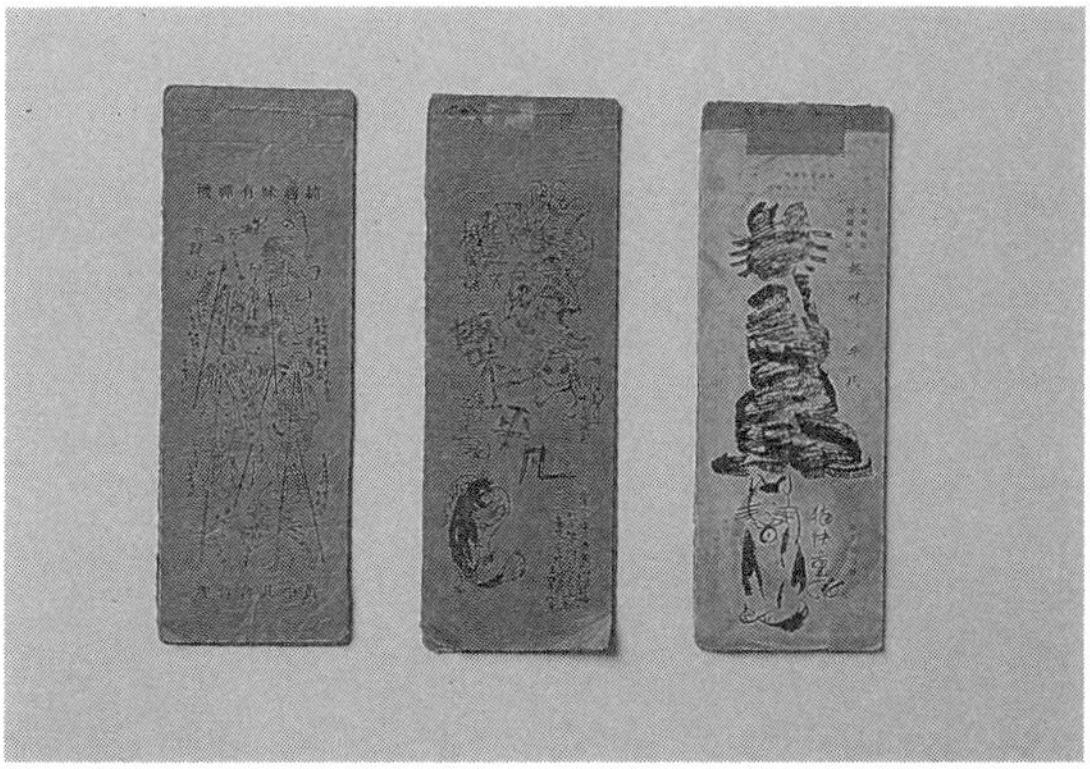

我楽他宗機関誌『趣味と平凡』　平凡寺表紙絵

あまりにもその部屋にとけこんでいるので誰だろうとずっと気になっていた。もちろん、文珠寺こと松平康荘と考えるのが自然なのだが、平凡寺であって欲しいという欲が目を曇らせて、決断を遅らせていた。で、福井藩最後の藩主の息子ならば、伝記の一冊もあるだろうと、この写真の主を決めるべく、福井県立図書館に調査依頼を出したのだ。資料の中に顔写真はきっと載っているはずだとふんで。だが、福井県立図書館には、単独の伝記も自伝もなかった。送られてきたものは、四点。いずれも関連単行本からの部分コピーだった。

福井藩第十七代藩主である松平茂昭のことは後回し、松平康荘だ、と勢い込んだものの九割方がお父さんの資料だった。康荘のことはほんの付録程度で、肩すかしにあう。世が世ならば十八代藩主として記録もいっぱい残されていただろうに。しかし、殿様が平凡寺と出会うことはなかったはずで、どっちが幸せだったかわからない。康荘の平凡寺参詣回数から見て百年の知己を得た思いがしたのではないだろうか。そして、資料『新修　福井市史I』（昭和四十五年）のうち「第七節　最後の藩主茂昭」の末尾の「注」に康荘の略歴と顔写真が載っていた。手持ちのあの「福井文珠寺部屋」の主人は松平康荘その人だった。壮年期の顔から肉をそぎ、額にシワをつけ老年の顔をイメージしてみる。日本人離れした特徴ある鼻が同じだ。大きな耳も見える。

この松平康荘生写真の連れに四枚のお城の写真があった。いずれも桜が満開でとても印象的なものだ。待てよ、この桜、どこかで見た記憶がある。平凡寺旧蔵の絵葉書ファイル（平凡寺宛の葉書や平凡寺自家製の絵葉書等）を取り出す。「大正十五年春　福井北越山文珠寺参詣記念」と印刷された一枚に目をみはる。全く同じだ。連れのお城の写真は福井城であった。そして、絵葉書には文珠寺上人こと松平康荘が写っているではないか。

ところで、松平康荘は、いつ生まれいつ亡くなったのだろう。『稿本　福井市史上巻』（昭和十六年）のコピーに系譜図があり判明した。慶応三年二月六日に生まれ、昭和五年十一月十七日に亡くなっている。康荘は、あの『慶応三年生まれ　七人の旋毛曲り』たちと同い年だったのか。漱石の約一ヵ月後、外骨の約半月後に生まれたことになる。驚くことはないが、やはり縁を感じてしまう。大石誠之助の九ヵ月先輩か。松平康荘は、平凡寺宅で宮武外骨と同い年ともお互い知らず、きっと顔を合わせていただろうなと妄想すると楽しくなる。「福井文珠寺部屋」のあの写真が撮影されたのが大正十五（一九二六）年の春として、時に康荘五十九歳。平凡寺に初めて会ったのが、大正十年三月二十一日だから康荘は五十四歳。我楽他宗の一人として晩年を楽しく過ごせたに違いない。『明鏡止水』に、松平康荘との別れのエピソードが載っている。

北越山文珠寺（越前藩松平侯爵）が亡くなって目黒のある寺で告別式があった。生前あのように親しくしていたので当然霊前に参拝すると誰しも考えていた。所が寺の門脇に来たり合わせた宗員を集めて曰く、

わしは本山として松平さんにお別れに来たが格式の高い座に顔は出せない。但し松平さんは私の末寺であるから、今日は故人の替りになって告別の挨拶を受けましょう。と皆を一列に並ばせて

「みなさん有難う、どうぞお引きとり下さい」でチョン。全く変なこの様子を外の会葬者は狐

につまゝれたようにキョトンとして眺めていた。

北越文珠寺こと松平康荘は、昭和五年十一月十七日、東京の別邸で亡くなった。だが、この別邸の住所は明記されていない。享年六十三歳。品川・海晏寺と福井・運正寺の墓に眠っているという。

六月×日　金曜日

明治古典会入札。

先週の流れなのか、豆本の一口が出ていた。福井づいている。えちぜん豆本の全揃&特製木箱付が出ていて、北越山文珠寺の追悼（今さらするのもおかしなことだが）をかねて、強めの札を入れ落札。けやきさん（けやき書店）に「月の輪に豆本は似合わない」と冷やかされ、自分でもそう思うが、『明鏡止水』の入った全揃は、やはり見過ごすことは出来ない。世の流れなのか、限定本や豆本の値が落ちているので、実に買いやすい。買いやすいということは、売りにくいということでもあるが。

他に風流豆本の全揃（十三冊）を買った。中に平凡寺の情歌の師匠・鶯亭金升の『明治ばなし』（昭和三十三年）を見つけ、ぜひ読みたいと思ったからだ。限定部数の少なさ、つまり稀少性に重きを置かず、読み物としてとらえなおしたら豆本もまだまだ生命力があると思うんだが。ふってわいた〝豆本熱〟は、浮かされているうちが花だから、と、「水曜荘」と墨で書かれた豆本収納箱も四箱買う。いずれも空《から》だ。水曜荘とは、戦後の趣味人・酒井徳男のことだろう。使い込まれ、いい感じに古びた姿に心を奪われた。この特製木箱は運送屋さんにまかせないで、ヒモでゆわき、胸に抱いて店に持ち帰った。

平凡寺のおかげで、豆本熱という思わぬ楽しみが出来た。少部数出版ということでは、今のオンデマンド出版と似ているが、豆本には一つ一つ違った顔があり楽しい。刊行者の心意気というか、遊び心が豆本にはある。だが、大きなことは言えない。ぼくの豆本熱は本当に瞬間なのだ。この熱は、今日の入札でオシマイだ。

店に帰り、先週買った豆本のうち、まず豊前豆本を水曜荘旧蔵の特製木箱に納める。この豊前豆本は、すばらしいものだった。『焼跡の戦後史　カストリ雑誌』（岡田始／昭和五十八年）を手に取った時、平凡寺が生きていたら、さぞかし喜んだろうと思った。表紙のベニヤ板を焼跡にかけてバーナーであぶったのだろうか。木に焼きを入れ装幀しているのだ。手造り本もここに極めり。この世の何の役にも立たない、この心意気にうなってしまった。豊前豆本の刊行者は、三田平凡寺のことを知っていたのだろうか。我楽他宗の精神が、こんなところにも脈々と流れていると痛感した。豊前豆本終刊号（四十冊目）は、刊行者の岡田始先生追悼号になっている。城崎全輝の追悼文をひいてみる。

非常に凝り性であった先生は、豆本の装丁も試作を重ねられ、又その素材も竹皮、蓑虫、河豚、猫皮、明治の官製ハガキ等。尚、形状も円形、三角、多角形、ベニヤ板、大福帳と、発想がユニークだった。内容とマッチする様に背とじにも留意され、最終決定までの長い時間を苦にもされなかった。

思わぬ伏兵に苦労された事も再三、竹の皮という天然の素材も時として、人工の接着剤を拒絶する。いろいろ研究の末に、本の表紙として成功されたが、河豚の丸く膨らんだ表紙には豆本愛好家も、ど肝を抜かれた事と思う。

凝り屋の先生は、全部手づくりで豆本を仕上げられた。膨大な十余万点にのぼる教育関係のコレクション。豆本という豊かな文化遺産を多くの人々に残されたが、余りにも早い旅立ちであった。


ここで一つ訂正が出てきました。先ほど、『焼跡の戦後史　カストリ雑誌』の表紙についてベニヤ板にバーナーで焼きを入れたと推論したが、岡田始夫人が、「終戦記念日に発行しようと、夏の暑い盛りに七輪に炭火をおこしての作業は忘れられません」と書かれていた。七輪に炭火をおこしての作業だったのか。しかも夏の盛りに。すごい人が世の中にはいるものだ。

懐かしい人・古河三樹松

六月×日　土曜日

風流豆本『明治ばなし』（鶯亭金升談話／昭和三十三年）を読む。聞き手は刊行者でもある岩佐東一郎。

今、三百巻からの日記がありますが、（中略）早稲田の河竹さんが、あの日記を図書館へお納めになつちやどうですと云われたんです。同じなら日比谷図書館へと云われる人もありますが、（中略）伜によく云つておきます。あの日記を調べて抜き出してくださる方があれば本の二冊や三冊はすぐできると思いますね。その日記から、たとえば地口行燈のこととか、見世物、芝居とか、何か一つのことを丹念に抜き出せば、らくに本ができると思いますよ。商店の引札なども残らず張つてありますから、時代々々による宣伝の移り変りというようなこともわかりますね。

『鶯亭金升日記』は、抄録であることはわかっていたが、いくらなんでも金升が言う「三百巻」というのはウソだろうと思っていた。しかし編者の小島二朔のあとがきを読むと、「何しろ和紙三、四十枚綴りの、毛筆書きの冊子が、茶箱に三箱、冊数三百十九冊が、ぎっしりと詰まっている」とあるではないか。ぼくのような早稲田大学に縁のない人間でもオーケー、自由にお読み下さいというなら、第一に「明亭空升（三田平凡寺）」の登場するところを全て読んでみたい。そして、「東亭扇升（小山内薫）」、「惣亭藝升（市川左団次）」、さらには「祿亭永升（大石誠之助）」がいる。こうした名前をピックアップしていけば、金升の言うごとく、一冊の本が出来上がる。『明治情歌盛衰史』という題名の本を編むことが出来る。一度、早稲田大学演劇博物館に閲覧可能かどうか問い合わせてみよう。『情歌史』はともかく、平凡寺登場の箇所は読んでみたいなあ。金はないが、時間ならいくらでもつくれる。金升の言葉に戻ろう。

匂いの変化が面白いですね。明治の中期のいい匂いというのと、明治の末期のいい匂いと、大正のいい匂いとは大分違っていますね。一番初めわれわれが子供心にいい匂いだと思ったのは、麝香なんです。麝香の匂いがプンとすると、いいなあと思った。それが少し経つと薬屋の前を通るのもいやだということになっちゃったんです。それから蘭と薔薇の匂いがよくなって来た。麝香の時分には、薔薇の匂いはいやな匂いだった。ライスカレーの匂いをかいだら胸が悪くなるという時代ですから……。(笑声)蒲焼屋の前を通ると食いたくなるけど、西洋料理屋の前では吐きそうになった。それがライスカレーの匂いをかぐと食べたくなって来たんです。馴れるというのはおかしいものですね。

こんな金升の語りについ聞きほれてしまう。ずっと書き写したいが、もう一つだけ。

その時分ですな。鉄道馬車が曲り角で脱線すると、お気の毒さまですが降りてくださいというので、ぞろぞろ降りて車掌と一緒にこらしよと担ぐ。そうしてがちゃんと線路へはまると、どうぞお乗りくださいというので、ばらばら乗りますが、今まで立っていた人は先へ乗ってもやっぱり立っている。前が空いていても立っているんです。その代り腰かけていた人は、あとから乗つても腰かける。人をのけて腰かけたりはしないですからね。いい時代でした。

確かにいい時代だったとぼくも思う。

六月×日　日曜日

今日はお休み。

いつか読みたいと思いながら一度も手を染めたことのない『半七捕物帳』をいよいよ読む時が来たのかもしれないと、先日の明治古典会で買った筑摩書房版（全六巻／平成十年）を店から家に持ち帰ったのは昨夜のこと。この版は二段組ながら字が大きく、挿絵が豊富、何より作品の舞台となった東京地図がついているのがありがたい。平凡寺の生まれた頃の東京の匂いを半七とともにながめてみようというのが主眼だから。ほこりをかぶったままの旺文社文庫版（全六巻／昭和五十二年）は、自然とはじき出されることとなり、来月の「五反田古書展」で売ってしまおうかと一旦は玄関まで持っていったが、巻末の岡本経一（青蛙房主人）による解説が面白かったことを思い出し、最後のお別れに解説だけを読むことにした。読み進むうちに懐かしい人が唐突に出てきて、思わず冷蔵庫から缶ビールを取り出し、何度もその箇所を読み返してしまった。古河三樹松さんだ。

昭和二年五月に始まった平凡社の「大衆文学全集」は大衆文学史上、画期的の事業であった。

千頁一円をうたい文句の例の円本である。前期四十巻、好評で二十巻を追加している。私どもの大衆文学知識はこれにおぶさっている。当時の担当者古河三樹氏に聞くと、多いもので二十五万、終り頃は五、六万に落ちたということであった。岡本綺堂篇は二冊あって、昭和七年七月刊は半七と玉藻前ほか、十年十一月刊は半七と白蝶怪ほか、と半七も内容をかえている。その頃の大衆畑は新興文学の意気に燃えているし、作家もお祭り好きだから、全国書店挨拶廻りの企てが起って綺堂にも頼みに行くと、先生は色をなして、そんな事までしなければならぬのなら、私はおろして貰いますと、取りつく島もなかったと、古河さんは思い出を語っていた。

その古河三樹松さんの通夜の席で、ぼくは初めて岡本経一さんをお見かけした。四女のななよさんから三樹松さん逝去の知らせを受け、すぐさま飛んで行ったが、白髪の老人が部屋の片隅におられた。毅然と何か宙をにらみつける、その姿が印象的であった。それが、青蛙房主人で、ご近所づきあいがあったとは後で知った。何年か後、岡本経一さんから長文のお手紙をいただいた。『古本屋 月の輪書林』（平成十年／晶文社）を出したばかりの頃だったか、その手紙は実家に送ってしまい手元にはないが、文意は覚えている。

あなたは、今後も古本評論で食べていける人だと思う。だから言うのだけれど、慢心してはいけない。今は色んな人があなたを持ち上げると思う。私は、かつてまわりの人にチヤホヤされて駄目になった作家を幾人も見てきた。あなたにそうなってもらいたくない。水を差すようなことを言うようだけれど、心の片隅に一老生の繰り言を心にきざんでおいてもらいたい。どうぞ、古書店の仕事に打ち込まれますように。

何年も思い出しもしなかった岡本経一さんの肉声が聞こえてきた。旺文社文庫版を売るのをやめた。岡本経一さんの解説を一冊一冊、カッターで切り取り、ホチキスで綴じ合本にした。裸では寒そうなので、第一巻のカバーを脱がせ、合本にあてて程良い長さに折り込み、上からかぶせて糊付けした。一冊だけの岡本経一著『半七捕物帳の世界』（私家版）を作った。

但しこの老人、若いときから癇癪持ちで議論好きで、喧嘩っ早かった。その気風は老年に及んでも時に爆発した。折り目を正す、筋を通すという段になると、決して妥協しなかった。誰からも、いい人だと褒められるようではダメだ、敵もあれば味方もあるという張りがなければ、これからの世の中に立って行かれないぞ。年少の気弱い私をつかまえて、歯がゆそうに、むきになって戒めたことがあった。一身のほかに味方なしという信条の老人は、自分自身にも甘えない剛気の姿勢を崩さなかった。

と、岡本経一が描く綺堂。その『半七捕物帳』を折にふれて読んでいこう。

六月×日　月曜日

神戸より『西村旅館年譜』（西村貫一／昭和五十五年／非売品）届く。あまりの重さに驚いた。五十ページ程の小冊子を想像していたのだが、六百九十二ページもある。総重量一・五キログラム。木村毅は、序文でこう言っている。

（前略）明治になってからの近代日本に、特に注目すべき宿屋が二つある。東京の帝国ホテルと神戸の西村旅館だ。（中略）神戸が瀬戸内海のヴェニスまたはマルセーユとなって、世界に向って開港すると共に、西村旅館はとくに海関手続きの専門家となった。じつは輸出入の手続を一しょに願出た同業は、はじめ十六、七軒あったが、煩わしいので、しだいにみんな手をひき、しまいには西村の独占事業のようになった。そこで明治の初年から海外に出入りした日本の名士、非名士はみんな西村旅館に泊っているので、その宿泊者の名を拾えば五十音順で、天皇こそ名の記入がないが、アは有栖川宮に始まり、ワは元総理大臣の若槻礼次郎に至り、全日本の顔、顔、顔また顔が、綺羅星の如く並んでいる。小さいながら輝く名は、マニラ開発の菅沼貞風、福本日南、音楽留学生で名曲「荒城の月」の作者なる滝廉太郎から、文豪二葉亭の遺骨、いや田舎の村長だった木村毅の父から、かくいうその子の小生の名まであるのだ。

明治初めから昭和二十年までの「御宿泊人名簿」をパラパラと飛ばし読みする。ぼくの好きな、気になる人を挙げてみる。

副島種臣、児島惟謙、北里柴三郎、岡倉天心、フェノロサ、乃木希典、樺山資紀、郡司成忠、大隈重信、福沢諭吉、大井憲太郎、光妙寺三郎、西園寺公望、尾崎行雄、板垣退助、川上音二郎&貞奴、福島安正、小村寿太郎、河野廣中、稲畑勝太郎、平岡定太郎、花房義質、浅井忠、宮崎滔天、孫文、新渡戸稲造、巖谷小波、市島春城、徳川慶喜、大江卓、近衛文麿、伊藤博文、大庭柯公（二葉亭四迷遺骨出迎ノ為）、中村是公、内藤湖南、梁啓超（以上、明治時代）

日比翁助、森律子、志賀重昂、大橋新太郎、廣田弘毅、黄興、押川方義、星一、薄益三（天鬼将軍）、徳川頼倫、徳川義親、黒岩涙香、九鬼隆一、辰野隆、川村竹治、今村力三郎、松岡洋右、孫文、宗慶齢、載天仇（以上、大正時代）

そして昭和の時代に入ると、

人見絹枝、入沢達吉、徳富蘇峰、富士川游、長谷川如是閑、牧野富太郎、林権助、新居格、木村毅、ラクーザお玉、柳沢健、久米正雄、三上於菟吉、横光利一、呉清源、駒井徳三、武藤章、今日出海、大村卓一、衣笠貞之助、藤島武二、森於菟、石坂洋次郎、山本實彦、上原謙、天龍（新婦ト共ニ吉村丸ニテ大連ヘ）、岸田国士、岡村寧次、粱川剛一、頭山秀三、溝口健二、長谷川時雨、木村荘十二（満映招聘ニテ）、小日山直登、島津保次郎、青柳有美、笠智衆、高峰三枝子、加藤完治、李香蘭、東山チエ子、村松梢風、豊島與志雄、窪川稲子、浜本浩、大熊信行、衛藤利夫、吉村公三郎、古屋登代子、葛生能久、川崎弘子、福田蘭童、淡谷のり子、今井正、黒沢明、東海林太郎、霙光、平野零児、三田平凡寺（昭和十九年一月六日宿泊）、中村幸彦、橋本欣五郎、山内繁雄、轟夕起子、風見章子、豊田四郎、中村哲、松下幸之助、住田正一……。

こうして名簿をみていると飽きない。すごい、の一言だ。そして、ここに、三田平凡寺の名前が載っているとは思わなかった。取り上げられているのは著名な人ばかり。三田平凡寺は、あくまで市井の人だから。それに、『明鏡止水』で、欣御寺こと松井佳一（水産学者）がこんな思い出話を語っているのを読み返したばかりだからだ。

たしか昭和の始めだったと思いますが、民族学のことで、宗院だった岡崎の稲垣豆人と懇意になり平凡寺さんの事を知りました。昭和八、九年頃三十三番札所に欠員が出来たと云うので私は金魚に因んで、欣御寺と名のったわけ、宗院には相当な人が居たので話の場が広く、研究のプラスになる事が多いのですね。（中略）たしか昭和十三年に外国から帰った折、日本水産学校の重役を訪ねてそこで西村（貫一）と懇意になった筈です。天下に知られた横紙破りの人ですが妻君がどうも一枚上らしかった。その夫人が仲々方角がやかましくて、西村が旅行にも出られないとの話。

じゃ平凡寺を紹介しよう。方位、家相にかけては第一人者だと云ったらすっかり乗気になって和尚を招いたらしい。愈々平凡寺が来て見ると家相が甚だよくない。西村家ではすっかり指示をうけて宅の改造を始めた。その結果調子がよくなって私も面目を施こし、それ以後大いに西村夫人の信用を得た次第、西村も自由になれたとすっかり御機嫌でした。戦時中相当永く西村家に滞在していられたが、平凡寺の設計した別邸が今も尚戦災を免れて残っている筈です。

昭和十九年一月六日、平凡寺は西村旅館に宿泊している。欣御寺こと松井佳一とともに。その欣御寺に宛てた平凡寺の孔版刷の私家版がある。平凡寺旧蔵品の中に入っていたのだ。贈らなかったということは、字が気に入らなかったのか、贈る機会を逸してしまったのだろうか。題して『非禁酒』、ページ数はわずか十二。平凡寺、この時、六十六歳。自分でガリを切り自家製本しているが、ものとしての魅力に欠ける凡作だ。百部程刷り知人に配ったのだろうか。凡作は捨てられやすい。ましてや、あの空襲をくぐり抜けることが出来た〝生存者〟は何部あるのだろう。目の前にある珍作自慢がしたいのではない。『非禁酒』の見返しに書かれた「昭和十八年八月二十八日　於神戸脱稿」の文字にハッとしたのだ。平凡寺が、この原稿を書き上げたのは西村貫一別邸ではなかったかと思ったのだ。戦争をよそにのんびり家相を見ながら、居候をきめこみ世の中の何の役にも立たないものを一生懸命？書いている平凡寺って改めて面白いなあと思っただけ。『西村旅館年譜』に戻ろう。西村貫一は、昭和十七年春にこんなことを語っている。

旅館の主人として最も幸福に感ずる事は、座ながらにして、世の中のあらゆる階級の人々、滅多に御目にかゝる事の出來ない天下の名士にも、或は又、有名な藝人にも接近する事の出來る點である。

單り日本人のみでなく、人種も、風俗習慣も異った外國人の生活にも接する事が出來て、世界に見聞が擴げられるのである。

自分の經驗では、澤山の御客の中で、一年に何人かの人で、是れは偉いなあ、到底自分の力に及ばないと思ふ人に出會ふ事がある。昔で云へば武者修業に出て見て、是れは强いと云ふ劍士と何度か立會をするやうなものである。

何れにしても、自分から先づ帽子を脱がなければならない人、それは必ずしも知名の人でなくて寧ろ無名の人々の中に人間として偉い人を見出す事があるものであつて、自分に取つては、それが何よりの勉强になる。

七人の〝川柳侍〟

六月×日　火曜日

平凡寺は、子どもの頃、どんな本を読んでいたのかなあと思い立ち、『落穂ひろい――日本の子どもの文化をめぐる人びと』（瀬田貞二／昭和五十七年／福音館書店）を棚から取り出す。昨日に続いて重い本。量ってみたら一・七キロある。重さに比例してカラー図版をふんだんに取り込んだ内容の濃い一冊。明治のおもちゃ絵やら教育錦絵やらちりめん本やらをながめているだけで楽し

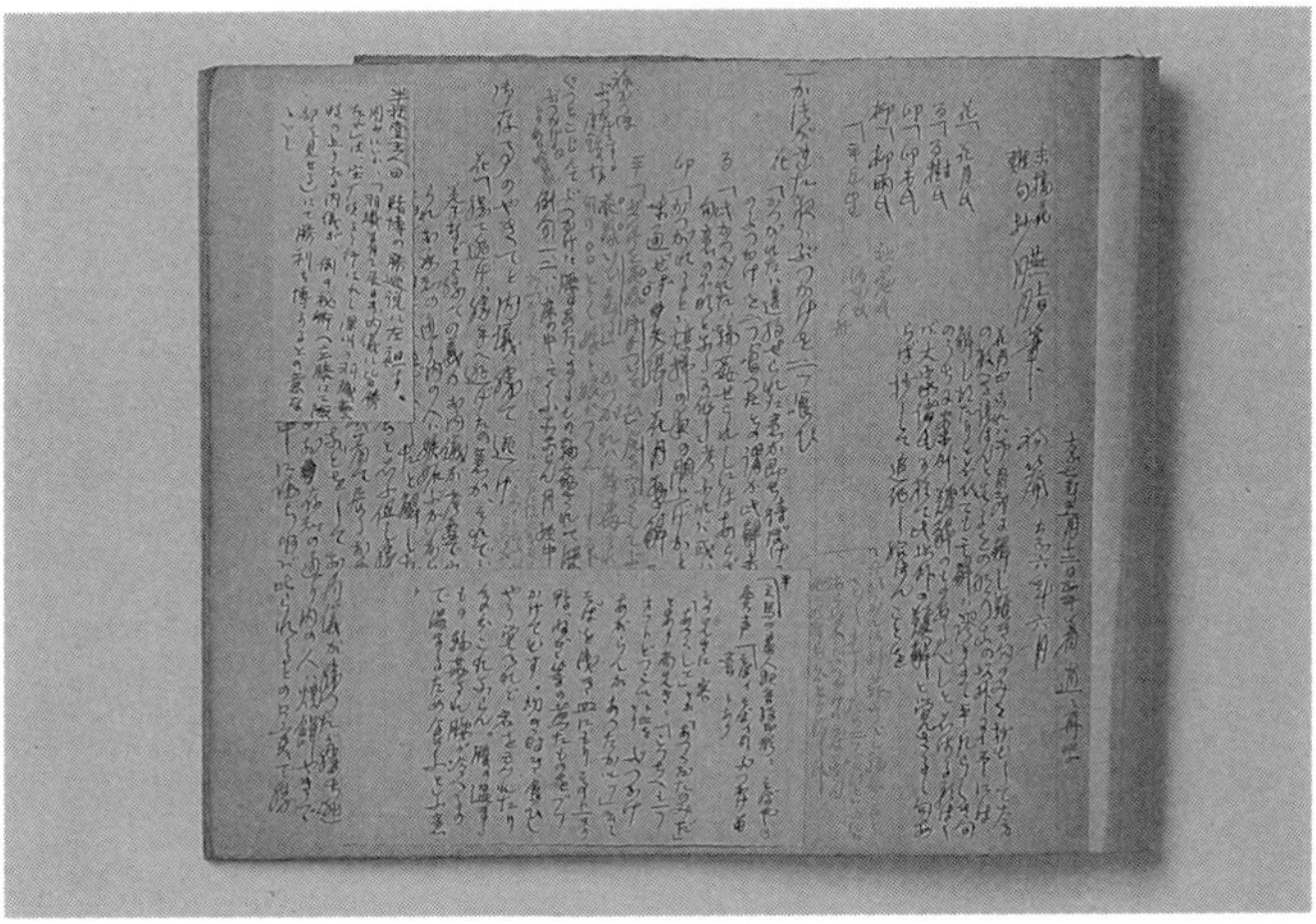

平凡寺肉筆版『末摘花難句抄　臙脂筆』

い気分になるが、さて、平凡寺は当時、手にすることが出来たのかなあ、と思ったりしながら下巻の「追考二篇」のうち「小林清親の「夢」一軸」を開く。「花月」の文字が飛び込んできた。古川柳研究家の飯島花月《いいじまかげつ》ではないか。信州は上田の出身だ。

平凡寺に二冊の「川柳研究肉筆帳」がある。そこには、確か花月の書き込みがあった。花月は平凡寺と交流があったのだ。『落穂ひろい』を棚に戻し、未整理のダンボール箱から「川柳研究肉筆帳」を取り出し、初めてまともに見入る。これは平凡寺と花月の共同研究と言ったほうが正しいなあ。そして、この大正六年六月から大正八年十月まで続けられていた共同研究は二人だけのものではない。参加者の名前がある。全メンバーを列記する。

三田平凡寺。飯島花月。花岡百樹。今井卯木。西原柳雨。宮武外骨。

当時の川柳研究家のオールスター勢揃いではないか。なのにタイトルはそっけない。『末摘花難句抄　臙脂筆《べにふで》』とあるだけ。もしこの肉筆帳が翻刻される時が来たら、ぜひ角書《つのがき》に共同研究の文字を入れていただきたい。

平凡寺は、この二冊を自家製本し、『時代風俗　時代俗語　時代習慣　研究書』と墨で大書しているが、これでは何のことかわからないと思う。いや、わざと何のことかわからないようにタイトルをぼかしたんだ。内容が内容だ。たとえば、外骨（半狂堂主人）の自筆書き込みがある。

半狂堂曰　平凡寺和尚の説可なるべし、天保頃の版本『花のむしろ』といへる春本に、茶の師匠が娘を犯す画あり（箕踞せる男が女を背後より抱きあげて陰茎を挿入せし態を描きあり）

その上部に「きんたまとさねの間に不動尊」の句を題せり

その横には外骨が書いたに違いない〝そんな絵〟も添えられているのだ。肉筆帳をめくっていくと、七人の〝川柳侍〟の熱気、いや情熱、というより狂熱に圧倒されてしまう。平凡寺の狂熱に本物を見て、花月も外骨も反応したんだろう。平凡寺の文字にかける執念がなければ、この肉筆帳は絶対出来なかった。この肉筆帳の前口上で、平凡寺はこう述べている。

太平逸民　平凡寺記

大正五年九月三日四五の同好者を平凡寺ニ迎へて末摘花の句解会を試ミて見たが兎角理屈ニ走り思はしくないので乍残念そのまゝ捨て置いた所その後某会で仝じ会を初めたときゝそれニ出席されてゐる甲君乙君ニその様子をきいたが何れも不得要領であきたらなかつた所が大正六年に花月氏が仝じ企てをされ仝七年余の所へ送り越された通讀するに句解法頗る余と同感で茲に初めて大正五年以来浮ばれぬ亡者が成佛した思ひがわき上つた故ニ大賛成して野次馬評者ニ加ハることにしたのである

きっかけは花月だったんだ。共同研究の始まり、その飯島花月についてもっと知りたくなり、今度は県立長野図書館宛に調査依頼書を書いた。明日ＦＡＸしよう。

六月×日　水曜日

昨日に続いて、飯島花月。

共同研究の肉筆帳の見返しに貼り込まれた花月の手紙をながめる。字がうますぎて読めない。ただながめるだけ。そのうち、何か大きな忘れものをしている気がして書棚の間をうろつき出す。どこかで、花月について読んだことがあると思ったら、山口先生の『経営者の精神史』（平成十六年／ダイヤモンド社）に花月が隠れていた。

「八十二銀行創立者は江戸文学研究家――飯島花月」が。これを手にする。平凡寺が肉筆帳のタイトルの横に「蔵春洞主人　勧進」と書いていた意味がよくわからなかった。平凡寺は、廃物堂のほかに蔵春洞とも名乗っていたのかと考えたりしたが、山口先生の一文を読み謎がとけた。わかれば、どうしてこんなことがわからなかったのかと恥じ入るほど当たり前のことだった。「勧進」とは勧進元の意で、「蔵春洞主人」とは飯島花月その人だった。

花月の蒐集した江戸庶民文学のコレクション八千冊は、上田市立図書館に「花月文庫」として収められている。（中略）現時点で準備中だが、そのなかの「蔵春洞叢書」は江戸時代の好色本が数多く含まれているヘルメス的なコレクションである。

平凡寺自筆本『滑稽忘年会』　明治35年

花月文庫が、遺族宅でなく上田市立図書館に存在していたとは。つい先ほど、しゃちこばった文面の飯島花月調査依頼を県立長野図書館へ送信したばかりだ。まあ、よくある事ではあるが、困った性格だ。

さて、花月の平凡寺宛手紙には連れがある。肝心の頭二文字が判読出来ないのがとてもくやしく歯がゆいが、『○○男色絵詞』と題した花月自筆の写本だ。「蔵春洞主人」江戸好色本コレクションの一つだろう。

平凡寺はつくづく〝年上キラー〟だったと思う。

一回りも上の花月、九つ上の外骨、狂詩家の真木痴嚢にいたっては二十二も年上だ。筆まめで律儀、信用に値する男だったと思うが、平凡寺には年上をコロリとまいらせる愛嬌があったのではないかと思う。思うだけで実証することは出来ないけれど。

六月×日　木曜日

平凡寺の情歌の師匠・鶯亭金升の日記（原本）が気になり、早稲田大学演劇博物館に見ることは出来ないでしょうか、と電話をかけたのは何日前のことだったか。その返事が同博物館貴重書担当の田草川さんからあったばかり。

「見ることが出来ます」

との声には耳を疑った。早稲田大学を受験（サクラチル）しただけの縁の者にも開かれているとは驚いた。断られると思い込んでいたのに。今は夜の九時。こんな時間まで働いているのか。

これで、金升の側からみた平凡寺の一面を知ることが出来る。一週間は通ってじっくり現物にあたらなければ、平凡寺のことは探り出すことが出来ないだろう。金升のくずし字を果たして読めるのかという不安がかすめるが、〝愛〟があればきっと読めるようになる。そう言い聞かす。古本市場の夏休みに覚悟を決めて、演劇博物館に通ってみるか。

平凡寺伝を書くでもあるまいに、と思う。しかし、目録を作るのに、平凡寺と金升の交流の一面は知るべきだと思う。

六月×日　金曜日

お昼過ぎ、明治古典会への出がけに、福井県立図書館から『越前松平試農場史』（越前松平家／平成五年／非売品）の中から「文珠寺」こと松平康荘の関連コピーが届く。御茶ノ水までの京浜東北線の車中で読む。松平康荘のことなら、この本を置いて他にないと教えてくださったのは、福井郷土博物館の足立尚計さん。縁は奇なものとはよく言ったもので、先日取り寄せた『風の俤――福井の客人たち』（平成十三年）の著者の方だった。書名の言い間違いを著者本人に正されるというオマケまでついたが。

読むと、確かに足立さんの言う通りだった。ぼくが一番知りたかった文珠寺の人柄に出会うことが出来た。そして、趣味家の一面も知ることが出来た。山田斂著『晩成園随筆』（昭和十七年）より、「あゝ松平康荘侯爵」が引用されていた。こんな一文だ。

侯爵は写真に深い興味を持たれた。私も写真が好きであったが、私の写真に比すると侯爵の方は余程早かったから、先生格であって、いろいろの研究を侯爵邸でした。明治三十五年・六年頃のことであるが、同人相集まって福城撮影会を組織し、三～四年の間に二回ほど展覧会を開催した。福井における素人写真の元祖は侯爵であったと言うてもよかろう。

侯爵の撮影手腕は、芸術的な逸品も時々出たが、又、非常に奇抜なものもあった。ある時、キャビネ形の写真を出されて、批評如何とのことであったので、手に取ってみたら、薄雲が一面に写っているばかりで他に何物もないので、「これは雲の図であるか」と聞いたら、これは空を翔ける鳶《とび》の写真だとのことであった。成程、中央の一小黒点は鳶であった。

侯爵はまた焼画が巧みであった。焼画というのは、先端が焼熱する器具で、木の板や木製器具に図案や絵画を焼付けるもので、なかなか風流な物であった。

侯爵は大の喫煙家で、パイプを常に離されなかった。一方、パイプの蒐集家でもあった。ヨーロッパ・アメリカ・アフリカ・印度など、多種多様の品が集められてあった。パイプの他、木魚や人形なども何百、何千と集められて、大型ガラス戸書棚二棹に一ぱいであった。

又、侯爵は朝顔栽培の名人であった。その鉢は百～二百もあり、毎朝早くから書院その他へ一鉢ずつ適当な台にのせて陳列され、八～九時頃になると全部撤収されて、また明朝の陳列鉢の準備にかかられ、それが一日も休みなく、夏期約三十日間も継続されるので、その根気のよさには驚歎した。

ある年、侯爵の頭髪がだんだん伸びても理髪されず、一年ほど経ったら芝居で見る由井正雪のような頭になられた。三年目位のある日、面会したら、急転直下、丸坊主となっておられた。後で聞いたら、髪を伸ばされた目的は、一度昔の髷《まげ》に結び、その頃の服装を著けて、古を偲んで写真を撮るためであったという。昔を偲ぶ写真のために三年も辛棒された、その根気の強さには驚くの外はない。

読んでまず思ったのは、あの福井城の桜の写真だ。あの写真は、松平康荘の作品だったのか。福井文珠寺の部屋もセルフタイマーを駆使しての撮影ではなかったか。何か今日はついていそうだ。これから向かう市場でとんでもない古本に出会えそうだ。そんな予感がしてきた。

予感は予感であった。大いにはずれる。御茶ノ水の古書会館での明治古典会から五反田南部大市会の予備入札へ回り、そのまま五反田駅前の中華料理「亜細亜」の三階で飲んだ。メンバーは、サッポロ堂さん、ポランさん、石神井さん、日月堂さん。酔っぱらって店に寄ったのは午後の十一時。

六月×日　土曜日

今日は、五反田南部大市会の本番入札日。近所のひと葉書房の安藤さんが、「一緒に行きましょう」と迎えに来てくれた。安藤さんは、開業して丸一年。ぼくの店に不安そうな顔で相談に来たのが、もう大昔のようだ。今では、南部支部事業部の経営員の一人としてバリバリ働き、「月の輪さんもインターネットやった方がいいっすよ」と逆に励ますほどだ。安藤さんは、インターネット一本で食べている。ぼくは、今、平凡寺一直線。

入札会の開札の手伝いもそこそこに、午後の三時、五反田から品川へ出て、京浜急行「立会川」で下車。この駅に降りるのは二度目である。九年前、目録『特集★美的浮浪者・竹中労』を作っている時に一度歩いた。ここ立会川は、少年・竹中労がすごした町だ。竹中さん、生きていれば七十五歳か。今日、ここに来たのは、『昭和性相史』の下川耿史さんが、「本を少し整理したいから来てくれないか」と言われたからだ。お会いするのは何年ぶりだろう。相変わらずエネルギッシュな話っぷりに時が経つのを忘れて聞きほれてしまう。今日一番うなってしまった話は、こうだ。

「ちょっと病気してね。そうしたら何で俺はいままで自分のやりたいことじゃないことに時を費やしてしまったのかと反省してね。病気でパァーッと見えたんだよ、自分が本当にやりたいことが。そうなったら、途端に、いつか使えると思ってとっていた本にウンザリしたんだ。全部売っちまおうって。本当にやりたいことって何かって？　決まってるでしょ、世の中の顰蹙《ひんしゅく》を買う仕事《こと》だよ」

世の中の顰蹙を買う仕事、をライフワークに選ぶなんてただ者ではない。ぼくは、下川さんから、かつて我楽他宗機関誌の『趣味と平凡』を売ってもらったことを誇りに思った。平凡寺もまた世の中の顰蹙を買うことに血道をあげた一人だったと思うからだ。

六月×日　日曜日

明日は、いよいよ「西村伊作研究会」の第二回目の日。発表草稿四百字詰原稿用紙十枚の予定が、実は一枚も書いていない。タイトルは「大石誠之助の情歌」と決めているのだが。中学時代、試験前になると無性に本が読みたくなったが、あれから三十年、一つの進歩もなく、昔の轍を踏む。あの頃は、言い訳もしないでただ本を読んでいたが、今は大石誠之助研究のためとそう自分に言い訳している。退歩してるに違いない。研究といっても、慶応三年生まれの大石誠之助の青春が知りたくて、『慶応三年生まれ　七人の旋毛曲り』を読んでいる。美央もつき合い、こちらはウンベルト・エーコ『薔薇の名前』上巻（平成二年／東京創元社）を寝そべって読んでいる。ありがたい。

身には疾《やまい》あり、胸には愁《うれい》あり、悪因縁は逐《お》えども去らず、未来に楽しき到着点の認めらるるなく、目前に痛き刺激物あり、慾あれども銭なく、望みあれども縁遠し、よし突貫してこの逆境を出でむと決したり。五六枚の衣を売り、一行李の書を典し、我を愛する人二三にのみ別《わかれ》をつげて忽然《こつぜん》出発す。時まさに明治二十年八月二十五日午前九時なり。

幸田露伴の「突貫紀行」からだ。青年露伴の気迫あふれる美しい文章だ。「よし突貫してこの逆境を出でむと決し」、北海道を出発した露伴が、東京に帰着したのは、一カ月後の九月二十九日。この日、同い年の大石誠之助は逆境の真っただ中、暗い青春を監獄の中で送っていた。大逆事件ではない。それは二十三年も後の話。大石誠之助の口から、そのいきさつを聞こう。明治四十三年六月五日付高野兵太郎検事の第二回聴取書で大石誠之助は言う。

私は明治二十年頃同志社ヲ退学シテ東京ニ行キ神田共立学校ニ入学シ英学ヲ習テ居マシタ、其頃神田ノ下宿屋ニ同宿シ居リシ友人ノ洋書類価額四円斗《バカ》リノモノヲ盗ミ夫ヲ売却シ下宿料等ニ払ヒ他ニ転宿シタル為メ告訴セラレ東京軽罪裁判所ニ於テ重禁錮一月二十日監視六ヶ月ニ処セラレマシタ、監視違反ノ処刑ハ受ケタル事アリマセン、私ハ東京ニ行キシ後放蕩ヲ始メ処刑ヲ受ケル様ナ不都合ヲ致シ爾後非常ニ前非ヲ悔ヒ出監後大阪ニ行キ或ル医師ノ食客トナリ英語ヤ医学ヲ勉強シ……

この記録は、森長英三郎『祿亭大石誠之助』からの転載である。弁護士でもある森長は、この事件をこう見ている。

放蕩は、女に身を持ちくずすことであるが、吉原へ遊んで下宿料を使いこみ、友人の洋書四円ばかりを売って（あるいは質入れして）他へ転宿したのである。（中略）東京へ出て一年目、世間を甘く見すぎて、この結果を引きおこし、奈落の底に突き落されたような屈辱感を味わわされたことであろうと思われる。

人の本を盗んでまで会いたいと思った遊女がいたのかと思うと、「ドクトルさん」（大石の愛称）もなかなかなもの。大石誠之助ほどの開明な男がなぜ、情歌という古くさい（失礼！）ジャンルに入り込んだのか、ずっと不思議だった。しかも三十歳になってからだ。案外、この事件がその謎を解くカギを握っているのかもしれない。誠之助の初恋の人は吉原にいたのだろうか。思いを寄せた人は吉原の遊女だったのだろうか。遊女を語る大石誠之助はむやみに熱いのだ。長くなるけど、写してみる。「変哲学的情歌観」だ。

情歌が往々游里の現象を題目として用ゐる事は世の非難を受くる点であるが、我輩は却て之を情歌の長所であると考へる。元来游女とは何であるか。均しく生を人類に受け同じ権利と地位を保つべき身であり乍ら、現今の社会組織が不合理な為め此世からなる地獄に身を投じあらゆる侮辱と暴虐を加へられるので、彼等は則ち人生悲哀の何物たるを説明せんが為に聖き使命を帯て天降つた女神である。

游女が詩の題目として尚取るべき点は、彼等身を此魔窟に置き幾多の遊野郎に之を汚されても一片の赤心は決して之にゆるさず、迫害の包囲内に神聖な理想を守つて意中の人に憑り百難を排して添遂げるが如き蓋し難中の難で、人生成功の中何物も其右に出るものはあるまい。公娼は素より病的社会の制度で一日も早く廃止せねばならぬものであるが、現在之に因て我等に可憐な女性が与ふる教訓、則ち悲哀、困厄、耐忍、成功等を言現はす美文が若しもないとすれば、我国文学の大欠点と云はねばなるまい。

終りに臨み、情歌が美文としては卑近に過ぎ人情を歌ふことあまり露骨であると云ふ非難に答へたい。我輩の考では情歌が通俗平易で多数の耳に入り易いのは大に誇るべき所であると思ふ。昔から我国に行はるゝ詩歌などが高尚婉曲に失して高き教育を受けたものゝ外一般国民に取つて何の面白味なく、到底貴族文学とか資本家文学と云はるゝ弊に陥つたに引換へ、我情歌は何人にも解し易く平民文学又は労働者文学として汎く民衆の嗜好に適するので、若しも我輩が理想とする社会主義が世に行はるるの暁は、我情歌が確かに黄金世界の美文となる運命を持つたものと思はれる。

明治三十六（一九〇三）年四月二十五日発行の情歌雑誌『升』での一文だ。平凡寺は、この時、二十六歳、大石誠之助のこの情歌論をどう読んだのだろう。平凡寺は、まちがいなく読んでいる。大石のこの論考、平凡寺旧蔵の情歌雑誌『升』から、ぼくは書き写したのだから。大石誠之助の方は、平凡寺の情歌を買っていた。平凡寺は、明治三十六年八月中旬、「祿亭永升宗匠」選で最高位の「天」位をもらっている。そして、この世にたった一冊しかない『牛込升菱連催　入連披露情歌集』と題した肉筆集を贈られた。大石誠之助が全編墨書した一冊を。ここでまた、ぼくは思うのだ。平凡寺は大逆事件をどう見ていたのだろう。情歌狂時代の産物だとしても、〝大逆犯〟大石誠之助が自らの情歌を心をこめて清書してくれたものとは言え、持っていて恐くはなかったのだろうか。捨てる選択はあったはずだ。だが、その一冊が今、ここにある。平凡寺の性格からみて、忘れてしまったと考えることも出来る。しかし、大逆事件のわずか七年前のものだしなあ。大石誠之助が、「天」位に選んだ情歌はどんな作品だったのか。書き写したい衝動にかられるが、それは封印すべきだろう。平凡寺目録で注文して下さった方のみ発表の権利がある。ぼくは古本屋。森長英三郎さんが生きていらっしゃったら、とは思う。森長さんが一番喜んで下さったはずだ。しかし、大石誠之助の字は美しい。こんな美しい字を書く人を、死刑にしてしまったんだなあ。そのことに、ぼくは哀しみをおぼえる。

六月×日　月曜日

第二回伊作研究会。メンバーは第一回と同じ七人。於港や書店。午後五時から八時まで。露伴のように〝突貫〟出来ず、しどろもどろに「大石誠之助の情歌」の発表を終える。次回の発表は、港やくんの『猪突人生』（玉置真吉／昭和三十七年）を読んで」とポランさんの「もうひとつの文化学院――私学の歴史」。西村伊作の周辺を少しずつあらっていく予定。

そして駅前での飲み会である。日本の総人口一億二千七百万人、その中で、この夜、「大石誠之助」の名前が飛び交った酒宴は他にはないだろう。目のすわったポランさん、「俺が死んだら、無政府共産の小旗を墓前にそなえてくれよ」と頼まれる。それを、無政府恐妻主義者のないろさんがまぜっかえす。談論風発。最終電車で帰宅。

小山内薫の引っ越し

六月×日　火曜日

大阪に中尾務さんという近代文学研究者がいる。目録『特集・寺島珠雄私記』が縁で淡い交流が出来、一度、店に遊びに来て下さったことがある。中尾さんは笑顔がとても印象的な人、破顔という言葉は中尾さんのためにあるのではないかと思ったほどだ。確か、神奈川近代文学館で近松秋江の調べものがあり、その帰りに立ち寄った、そう話してくれた。そんな中尾さん、『CABIN』という素敵な個人雑誌を毎年一度出されている。「『CABIN』に書いて下さい」と、帰り際に頼まれたのは三年前だったか、二年前だったか。とにかく、約束を守れず二回も原稿を落としてしまった。そんなぼくだというのに、中尾さんは、時折、励ましの便りを下さる。「玉稿、お待ちしています」の言葉を添えて。

昨年末、思い切って原稿の構想メモを送付した。中尾さんはとても喜んで下さり、ぼくも少しずつではあるが素材を情歌雑誌から写し取る作業を進めている。中尾さんに送った構想メモのタイトルは、「明治〝情歌狂〟時代――三田平凡寺と大石誠之助」という。目次もある。

〔プロローグ〕三田平凡寺肉筆資料入手のこと
〔I〕三田平凡寺とは何者か?
〔II〕〝情歌〟雑誌で小山内薫（東亭扇升）を見つける
〔III〕大石誠之助（祿亭永升）の〝情歌〟――平凡寺との交遊
〔IV〕〝情歌〟の師匠・鶯亭金升のこと
〔V〕三田平凡寺の〝情歌〟作品

〔エピローグ〕鶯亭金升のもとを離れた（〃情歌〃を捨てた）弟子たちのその後

□小山内　薫（扇升）↓自由劇場創立へ
□市川左団次（藝升）↓同右
□大石誠之助（永升）↓社会主義運動へ（大逆事件で処刑）
□三田平凡寺（空升）↓〃我楽他宗〃創設へ

久しぶりに、こうして書き写してみると、三田平凡寺旧蔵書のうち情歌肉筆集を入手出来たのは、本当に幸運だったと思うが、その折、偶然だが買った雑誌の山の中に情歌雑誌が紛れ込んでいなかったら、肉筆集を生かすすべをつかめなかっただろう。すべての出発点は、平凡寺が自家製本した情歌雑誌の合本にある。そして、何気なく開いた『満音巨吐』六号（明治三十二年九月十五日発行）、その巻末広告に小山内薫の名を見つけなかったら、ヘンテコな雑誌の束として古書展で売り飛ばしていたに違いない。その時点でまだ情歌という言葉も知らなかったのだから。よくぞ小山内薫、引っ越ししてくれたわい。感謝！

移轉廣告
小子儀今回麴町區土手三番町卅四番地江移轉
致候間此段廣告候也
小山内　薫

雅號　東亭　扇升

この広告で小山内薫に「東亭扇升」なる雅号があったことを知った。そしてこの時、小山内薫が若干十八歳であることがわかり、これはもうかるかも知れないと俄然興味がわいてきたのであった。スワ、新発見かと。確かにぼくにとっては新発見だけど、小山内薫研究において情歌時代は、ハナから落丁であり、見つけたもの全て新発見だということが追々わかってきて、興奮はトーンダウンしてきているが。さて、『満音巨吐』六号を編集したのは小山内薫だ。「張翼の辞」で「鸚鵡のそれにあらで嘴も黄ろく舌も廻らぬ擔任者の一人　東亭扇升」とある。小山内薫は、春に入学したばかりの一高生、同期の川田順、武林無想庵らと交遊しつつも情歌の世界にズッポリ足を踏み入れていた。明治三十二年のある夏の夜の鶯亭金升宅を思い描いてみる。

――金升宗匠（といってもまだ三十一歳だ）を囲んでの情歌運座会である。

「扇升君の引っ越しを祝って、今日のお題は〝引っ越し〟でいきますぜ」

こうつげるのは、むろん判者の金升だ。金升にうながされて東亭扇升（小山内薫）が、立ち上がりあいさつする。学校から寄り道をして着替える間がなかったのか、詰め襟の学生服姿だ。ひときわ目立つ。何で着替えてこなかったんだ。扇升、チト後悔している。そんな扇升を冷やかすのは、イキな着物姿の惣亭藝升（二代目市川左団次／十八歳）、その隣で左団次門下の名亭左升（市川左升／二十六歳）、鵠亭高升（木村錦花／二十二歳）が笑っている。そんなことには我関せず（耳が聞こえないだけだが）、このところメキメキ腕を上げ、「天」位を今日こそはとるぞと一心に筆を動かす明亭空升（三田平凡寺／二十三歳）がいる。どんな情歌を書いているのだろう。夏の夜の幻、かすんでよくは見えないが、遅れてというよりもフラフラと遊びに来て、金升宗匠と談笑しているのは、アラアラ緑屋小松（喜多村緑郎／二十八歳）じゃあありませんか。今夜もまた、女かとみまがうばかりの美しさ。この夏の夜の運座会で、見事「天」位を射止めたのは、東亭扇升だった。

　披露する氣で諸處方々と添て間も無する移轉

と、まあ、こんな感じ。才気煥発な若者を虜にしてやまない魔力が運座会にはあったに違いない。

あちらに行ったりこちらに来たり、これはぼくのことだが、平凡寺が自家製本した情歌雑誌の束の最後を飾るのは、大石誠之助編発行の『紀伊升連幷祿亭永升立机《りつき》披露情歌集』（明治三十六年六月）だ。この情歌雑誌の一冊の合本に、平凡寺の情歌狂いの青春が凝縮されていると思うのだ。そっけない綴じ方が何だか愛おしい。

六月×日　水曜日

終日、南部大市会で買った作詞家の島田磬也《きんや》の生資料（戦後の草稿類）の整理。特大ダンボール箱が二つ。『裏町人生』（島田磬也／昭和五十三年／創林社）というタイトルに惹かれて、何度か目録で売ったことがあるだけの薄い縁ではあったが、落札した。もちろん島田磬也と平凡寺には何一つ接点はない。

昭和八年の初頭、時に私は二十五歳。（中略）燐寸《マッチ》で暖をとり、マッチのないときは凍った手に息を吹きかけて、五銭の雑記帳に鉛筆なめなめ、文字どおり血をしぼり骨をけずる想いで歌詞を綴る。

さて、時代は〈大学は出たけれど〉の就職難のド真ン中で、何処を向いてもせち辛い世の中だった。（中略）虎の子の金も底をついてくる。水道橋市電交叉点の向う角に、ニコヨン食堂があった。夕べになると、労務者が何処からともなく三々五々集まってくる。その人たちにまじって、石松君（秋二。「九段の母」作詞者　引用者注）とパクつく丼《ドンブリ》メシ一杯が五銭、豚汁《トン》が一杯四銭、オシンコ代が一銭。トン汁は、グラグラ煮え立つ大鍋から、鉄の掬《すく》い物で一杯、丼に注いでくれる。豚だか犬の肉だか、それはわからない。だが涙の出るほど旨《うま》かった。

平凡寺は、どうやってメシを食っていたのか気になってきた。机の前に置いた『評傳宮武外骨』（木本至／昭和五十九年／社会思想社）を引っ張り出す。

平凡寺の所有地は昭和九年現在、車町二十八番地に四十七坪余、車町八十二番地に百五十坪余である。（内山善三郎『東京市芝区地籍台帳』昭和九年）

とある。土地を貸して食っていたのだろうか。そして、この『評傳宮武外骨』をめくっているうちに、面白い図表を見つけた。「宮武外骨他の所得税額表」だ。その「他」に平凡寺がいる。大正七（一九一八）年、いわゆる大正デモクラシー華やかな頃。その旗手の一人である吉野作造は五十六円、河上肇は八十円で、「平凡寺和尚六十五円」とある。この四年前の大正三年、夏目漱石六十七円。森鷗外二百四十三円。……平凡寺はお金持ちだったのか？

そして、ぼくは、「豚だか犬の肉だか、それはわからない。だが涙の出るほど旨かった」といっている『裏町人生』を再び読み出していた。仕事を放り投げ一気に読んでしまった。

新進作家の太宰治と昭和十二年、新宿三越裏のヤキ鳥酒場「雀の叔父さん」で一緒に文学談に花を咲かせた話、昭和十五年春、直木賞作家・藤井重夫（親友とは知らなかった）除隊記念の狂宴の話、一つ一つ面白いが、一つだけ選べと言われたら、このエピソードを取るだろう。

近隣にいた「石狩川」の作家本庄睦男氏が逝去（昭和十四年七月二十三日　引用者注）され、母が本庄氏の夫人と風呂屋で親しくなっていたので、私も母に連れられ告別式にうかがい香典上げて焼香したが、翌日午後風呂屋で、同家へ泊りこみで来ていた新宿の酒場で知り合った作家の武田麟太郎さんと逢ってつかのまを語らった。

奇しくも今年は、プロレタリア作家・本庄睦男生誕百年に当たるという。今日、このことを知った。『石狩川』を何度もツブしてきた。お詫びという意をこめてしばし頭を下げた。

六月×日　木曜日

青い夜霧《よぎり》に　灯影《ほかげ》が紅《あか》い
どうせ俺《おい》らは　ひとり者
夢の四馬路《スマロ》か　虹口《ホンキュ》の街か
あゝ波の音にも　血が騒《さわ》ぐ

石原裕次郎歌う「夜霧のブルース」の作詞も島田磬也だったんだと感心しているところに、大阪の田中英夫さんが、生八橋「夕子」をお土産に訪ねてこられた。お会いするのは、今日で二回目だが、お名前を知ったのは二十年も前のこと。古河三樹松さんからだった。「大阪に篤実な西川光二郎研究者がいる」と。普段は温厚な三樹松さんだが、社会運動研究者に対しては厳しかった。そんな三樹松さんが、田中英夫さんのことを誉めていた。田中さんの本を一度も読んだことがないのに信用出来る人だと、ぼくは決めている。

田中さん、長年にわたって書き綴ってこられた『山口孤剣伝』を出版すべく上京された由。ニコニコされているのでうまくいったのかと思い、うかがってみると、A書房さんでは断られ、B出版さんでは会ってももらえず、自費出版の道を選ばれ、今日、本契約を結んできたところだという。

聞けば、六百ページにわたる労作、前人未踏の評伝をどうしてどこの出版社も出すことが出来ないのかと腹が立ってきた。パカパカ売れるとは思わない。しかし、今、売れる本しか出版しないのか。出版社には〝未来からの視線〟はないのか。古本屋だから考えるのだが、二〇〇五年に出版される刊行物の中で、この『山口孤剣伝』は生き残る数少ない本ではないか。そう思う。三十年後、五十年後からどうして今を見つめないのかと悲しくなる。退職金を出版費用にあてるとおっしゃる田中さんに、「出たら、一冊は必ず買います」としか言えない自分も情けないが。

田中さんは一時間ほどして大阪に帰られた。その後、田中英夫さんが書かれた「山口孤剣」にあたる。『近代日本社会運動史人物大事典』を開く。今の下関市に生まれ、新聞雑誌記者、とある。こんなところに、ぼくは赤いボールペンで線を入れていた。「(徳山中学)在学中の1900(明治33)年、松原岩五郎の『最暗黒之東京』に触発されて単身上京し「貧民窟」を訪ねた」。「虐げられた人々への共感は、郷里の遊廓や被差別部落の存在を考えるべきかも知れぬ」。「社会主義者の「冬の時代」には表だった運動から退き韜晦、文筆で口を糊した」。「大阪時代に宮武外骨と交わる」。本名は山口義三。「我は我のために活動す。我は道徳、習慣、恋愛、社会主義の奴隷にあらず」という山口孤剣の生涯をもっと知りたくなってきた。明治十六(一八八三)年生まれ、大正九(一九二〇)年亡くなった。

六月×日　金曜日

明治古典会の入札は空振り。来週の「五反田古書展」均一用の本のみカーゴ一台分落札。

店に帰ったら、県立長野図書館より、飯島花月の資料コピーが届いていた。ありがとう、です。読んでいくうち、花月の伝記的刊行物で一番すぐれているものは、『飯島保作と花月文庫』（八十二文化財団／平成七年）をおいてないとわかり、全文読みたくなってきた。思い切って、八十二文化財団へ電話し、在庫の有無を問い合わせる。残念ながら「ない」との返事でガッカリすると、向こう側から、「コピーしましょうか」との神のお言葉が。思わず頭を下げた。

六月×日　土曜日

東京堂書店の佐野店長より、月の輪書林古書目録十四号『特集・田村義也の本』（平成十七年）の追加注文二十冊が入る。お昼前のこと。佐野さんには、昨年出した十三号『特集「李奉昌不敬事件」予審訊問調書』を、総計百二十冊売っていただいた。ありがたいことだ。

来週、売れた田村義也目録四十冊分の代金が入ることになり、お礼を込めて何か一冊新刊本を買うことにした。田中英夫さんの顔が浮かんできた。『山口孤剣伝』は、と思ったが、こちらは来年の二月の発行だと言っていた。ならば、田中さんの西川光二郎の本、あれは何というタイトルだったっけ。そこで『日本アナキズム運動人名事典』を出す。西川光二郎の項の参考文献の一つにあった。田中英夫『西川光二郎小伝』みすず書房１９９０、と。で、西川光二郎、なんと三田平凡寺と同い年だった！　面白い取り合わせではないか。石川三四郎が、その死を悼んで言ったという「天成の人道主義者」が、ここに現れてきた。田中さん、ぼくに「もう一つの一八七六年」を投げてくれてありがとうございます。

このところ、お礼の日々が続いている。怖い。

葛飾北斎の艶本

六月×日　日曜日

昔の映画仲間、祭主君より、「今日、フジテレビ午後二時「ザ・ノンフィクション」で自分が監督した「渋谷黄昏ぱらだいす」が放映されるので見てくれ」とのTELあり。

美央と見る。美央は涙目で「よかった」と言ってくれるが、ぼくは、作品の出来そのものよりもエンドロールに「祭主恭嗣」の名前が出た時、ぐっとくるものがあった。祭主君とは、内藤誠監督の「時の娘」（昭和五十五年／シネマ・プラセット製作）で助監督をした時、現場の苦楽を共にした仲だ。あれから二十五年が経ったのかと感無量。一緒に脚本を見てもらいに大和屋竺さんのお宅へ泊まりがけで行ったことも、今となってはよい思い出だ。大和屋さんが生きていたら、きっと祭主君の今日のドキュメンタリー放映を喜んでくれたはずだ。

夕刻、熊本に住む美央の両親へのプレゼントを買いに銀座に出る。父の日と七月の母の誕生日のお祝いだ。お父さんにはガーデニングエプロン、お母さんには化粧品、いずれも美央が買う。包装に時間がかかるというので、一人、タバコを吸いに大通りに出る。美央が、シャネル銀座店の前に灰皿が置いてあるとおしえてくれる。タバコを吸いつつ、家から持ってきた小冊子『東京古書組合中央線支部報』を開く。昭和五十九年六月に発行されたもの。シャネル銀座店には、ひっきりなしに人が出入りしている。二十代のカップルが多い。「特集　われわれはいま……「古本屋不況」を考える」を読む。七本の豪華座談会特集を組んでいる。豪華、の裏にはテープ起しという大変な労苦があるのになあ、と。こんな企画、いや苦労を買って出た機関誌部長は一体誰だろうと思って奥付を見て納得した。出久根達郎さんだった。出久根さんの編集能力は並はずれている。プロ以上だ。ぼくが今まで目にしてきた古書組合の機関誌の中でベスト・ワン。

「僕なんか思うんですけど今カツカツで食っていますけど、どうせ食えないんのなら好きなことやってカツカツの方が、――」

「はるかに深い満足感がある」

そんなやりとりにうなずいている。小雨が顔にあたってきた。

六月×日　月曜日

明治古典会で買った昭和三十年代のダンボール五箱の音楽、宝塚、新劇の公演パンフレットの整理。平凡寺が、あの世に旅立った頃のものだ。ただのパンフレットだったら入札しなかった。旧蔵者が何者か知らないが、パンフに差し込んだ公演関連記事の切り抜きに平凡寺的なものを感じたのである。いずれも、パンフがふくれあがっている。週刊誌の切り抜きから、四、五行の小さな囲み記事まで、その執念に我楽他宗の匂いが立ち込めてくるようだ。

たとえば、ナット・キング・コール日本公演パンフ。一センチもある切り抜きには、「あたためる〝男の友情〟」との見出しの下、力道山との再会の記事から、三センチ四方の「キング・コール夫人双生児出産」の後追い記事、まで揃えている。アート・ブレイキー。イブ・モンタン。みなそうだ。凄味を感じてきた。切り抜きの面白さで落札したのに、整理していくうちに、ふくらんでいないパンフにホッとするようになってきた。

「ハナ肇とクレージーキャッツ」結成十周年記念公演パンフ。どうやって手に入れたのか、メンバー全員のサインまであるのだ。サインは曲者で、九十パーセントは間違いないものだが、念のため美央にも見てもらう。

そんなところに、先日まで上落合にある内藤文学堂さんに勤めていた篠崎富男さんが、独立のあいさつに見えられた。時計を見ると、夕方の四時だ。篠崎さんとは、二カ月に一回、「趣味展」で顔を合わせていた。年を聞いたことはないが、ぼくより少し上かな。あわて者のぼくとは違い、沈着冷静、それでいて温かみのある人。そして、なによりも月の輪書林のお客さんの一人で、いつもシブイ女流文学者の本に注文を下さる。今日、こうしていらしたのも、そんな縁からだと思う。店の名前は「古書かつらぎ」にしたとのこと。住所は、府中市武蔵台、もよりの駅は西国分寺駅、「一番近い古本屋さんはえびなさん」と言っていたから、中央線支部だ。奈良が好きなので、そういう名前をつけられた由。店の柱の一本は奈良に関する史資料、もう一本は近代文学でいくとのこと。内藤さんの店にいたから、本についてはぼくよりはるかに知識をもっているはずだ。ぼくがアドバイス出来たことといえば、送本の時に使う「ブロックン」という梱包材の会社を紹介したことだけ。

篠崎さんが帰った後、美央が「月の輪さん、きっと、篠崎さんに追い抜かれるね」と言う。美央は、「趣味展」での篠崎さんの働きぶりをぼくから聞いて知っているのだ。そういえば、後発の泰成堂の池田くん、港やくん、この二人の背中もだんだん見えなくなってきたなあ。美央の「追い抜かれる」という言葉で、今日、店のすぐ裏に古書窟揚羽堂さんが、戸越銀座から引っ越してくる日であったことを思い出した。あわてて、自転車に乗る。揚羽堂さんは、古書組合に入って半年ほどの新人、年は確か三十六歳。五坪の拠点。チャットやソットではへこたれない根性を持った男だと（一度話しただけだが）お見受けした。開け放したドアの向こうに、忙しそうに立ち働く首タオル姿の揚羽堂さんの姿が見えた。

六月×日　火曜日

さて、どうしようどうしよう、まいったこまった。市場に出すべきか、出さざるべきか。いや、平凡寺旧蔵品だもの、目録に使うべきじゃないか。目録に使うのが本筋というもの。それはわかっている。しかし、今を支えきれない台所事情もあるんだなあ。高いものなのか、それとも全くたいしたことはないのか。カンではいけると思ってはいるんだけど、自信がない。葛飾北斎の艶本『多満佳津良《たまかつら》』（文政四年頃）だ。

話を巻き戻すことにしよう。

今週末に開かれる「五反田古書展」の荷を作っていた。バリバリ売って、ここのところの仕入れ過剰の現況を突貫、打破して盛り返すぞ、と。ここまではよかった。平凡寺旧蔵書の中に一冊の艶本（春画）の貼り込み帳があった。もちろん、昨年秋に買ったものだ。自慢する訳じゃあないが、ぼくは和本にも暗い。で、その平凡寺旧蔵の一冊の艶本をながめても、色々な春画からの切り抜き帳と思い込んでいたのであった。あの秋の入札市の時、この一冊とは別に「門外不出」と表紙に大書きした大きな艶本の貼り込み帳二冊が出品された。ぼくは、ただただ平凡寺旧蔵書だということで、わけもわからず入札したのであった。もちろん、見事に負けた。落札した人の下札にも届かなかった。その上札《うわふだ》は確か、七桁に達していたのであった。しかし、その時、買えたところで、ぼくはどう売るかで困ったことだろう。そう思い、未練は残らなかったのだ。だから、その市で入札した情歌肉筆帳に一冊の艶本が紛れ込んでいたのを知った時も、「さて、どうやって売ったものか」と困惑したぐらいだった。ただ、その時、内藤文学堂さんに直接尋ねたのか、それとも落ち札《ふだ》を見ていたぼくがあまりに悔しそうに見えて声をかけてくれたのか、内藤さんの、「ここには北斎のものが入っていて高いんだよ」の一言が耳に残っていたのであった。

で、今日のこと。今日まで持っていた『江戸名作艶本』全十二巻（平成八年／学研）をバラして、五反田古書展に出そうとしていたのである。バラしながら、千円の札を貼っていたのだ。そして、第十一巻。これが『葛飾北斎　多満佳津良』であったのだ。そこで、ひょいと平凡寺旧蔵の艶本を思い出した、ということだ。出来すぎた話だが本当の話。文政四年の艶本と、学研の復刻版とを一枚一枚合わせることにした。ドキドキしながら。「頼むから落丁なぞというオチだけはつけないでくれ」。そう心から祈りながら。いやいや、ぼくの祈りは、欲まみれでとても祈りとは言えないが。旧蔵書は、北斎そのものであったのだ。すばらしいものに見えてくる。「しょせん、復刻は復刻にすぎない」とうそぶいていた。その学研の第十一巻の広告は、こんな売り文句が書き込まれている。

北斎の数少ない艶本の一つ。対象の近接描写を駆使して、よくその特色を出している。英泉の協力も指摘されているが、その大胆な構図は北斎ならではの観がある。

目の前に置いた、この艶本が生まれたのは、平凡寺誕生のわずか五十五年前の一八二一年、北斎、数え年六十二歳の作品だという。今、売ってしまっては、平凡寺と江戸とを結ぶ線が切れてしまう。そう思う。よく考えることにする。とにかく、来月の「趣味展」で、内藤さんに見てもらい教えを乞おう。大いなる生活不安に襲われるが、待つことにしよう。しかし、平凡寺には感謝しないとなあ。知らないうちに色んなことを教えられている気がしてきた。結果ではない過程の面白さ、大切さを。ここで、北斎を取り込むとしたら、平凡寺目録は、一体、いつになったら出来るんだろう。

六月×日　水曜日

龍生書林さんから最新目録が届く。いつも参考資料にさせていただいているだけで、トント注文をしない客だが、今回は、表紙を見て、何か感じるものがあった。一番後から読み始めて、巻頭の写真版に戻り、目をこらした。一点を見つめた。「写真版H—4番　趣味の『如水会』会合記録集」だ。如水会とは初めて聞く名前だけれど、写真版を見るだけで、平凡寺的な匂いがプンプンする生資料である。すぐさま電話で仮注文。

明日搬入の五反田古書展の均一づくりを片づけ、夕刻、池上の龍生さんまで自転車を飛ばし、『如水会』資料を見せてもらう。知っている名前が一人としていないのは勉強不足だが、紙切れの貼り込み方にセンスを感じ、その場で本注文を申し込む。気にしていれば出てくるものだ。その足で帰宅。今日は忙しい。これから渋谷だ。先日、出版されたばかりの山路和広君の『フライング・ブックス　本とことばと音楽の交差点』（晶文社）の出版記念パーティーがある。美央と一緒にお祝いに駆けつけた。

六月×日　木曜日

「五反田古書展」の並べを終え、美央と五反田駅前にある「グリルエフ」で夕食。ここの仔牛のカツレツはおいしい。ビールを飲みながら、北斎のあの艶本『多満佳津良』発見の話をする。あまりに出来すぎた話なので、やはり、なかなか信じてもらえない。ぼくにしても、ひょうたんから駒、苦労して手に入れたものではないので、どうしても他人事の気がするだけに、この話、嘘っぽく聞こえたかもしれない。

店に戻り、さっそく、一枚一枚、原本と復刻版を見比べてみる。美央、次第に真面目な顔になってくる。そして、「これ、すごい」とつぶやいた。この一言で、市場で売るのは止めた。生活苦と欲で、市場に売ってしまうところだった。平凡寺は、誰から手に入れたのだろう。こうして、平凡寺目録に一点の大きな大きな華が出来た。郵便ポストに入っていた、ライブラリー八十二からの『飯島保作と花月文庫』の全文コピーを開く。予想以上に濃い中身だ。ひょっとして、『多満佳津良』は、蔵春洞主人・飯島花月が平凡寺に贈ったものではないか。これは、都合の良すぎるぼくの妄想か？　美央は北斎に見入っている。

六月×日　金曜日

「五反田古書展」初日。昼前、会場をそっと抜けだし、神田神保町の東京堂書店に向かう。先日、注文しておいた田中英夫さんの著『西川光二郎小伝　社会主義からの離脱』（平成二年／みすず書房）を買いに行く。小伝とは裏腹、六百六ページもある大著だ。五反田に戻る車中で、ページを開く。ここでもまた、「一八七六年生まれの男」と出会った。石川三四郎である。三田平凡寺と同い年だったのか。

思えば市場で買って（確か七千九十円だった）、はや十二、三年。毎回、目録に使うが売れ残り、そのたびに古書即売会で叩き売ろうと手にかけては、寺島珠雄さんの顔が浮かび、思いとどまってきた一冊の本を思い出した。石川三四郎著『不盡想望』（昭和十年／書物展望社）。今は、よくぞ売れずにいてくれたと思う。

平凡寺。西川光二郎。石川三四郎。

さて、どんな目録になるのやら。

午後の六時。ＪＲ蒲田駅改札口で日本経済新聞社出版局の増山修さんと待ち合わせ。そのまま駅ビル七階の「庄屋ニュートーキョー」で飲む。飲む、といっても増山さんは一滴も飲まないという。「気にしないで下さい。いつもこれでやってきていますから」とつけ加えた。こうして二人で会うのは初めてのこと。しかし、会うのは四、五年ぶりだろうか。吉野孝雄さんが毎年催される「外骨忌」でお会いした人。この春に出した『特集・田村義也の本』がきっかけで、今日、こうして会うことになったのだ。

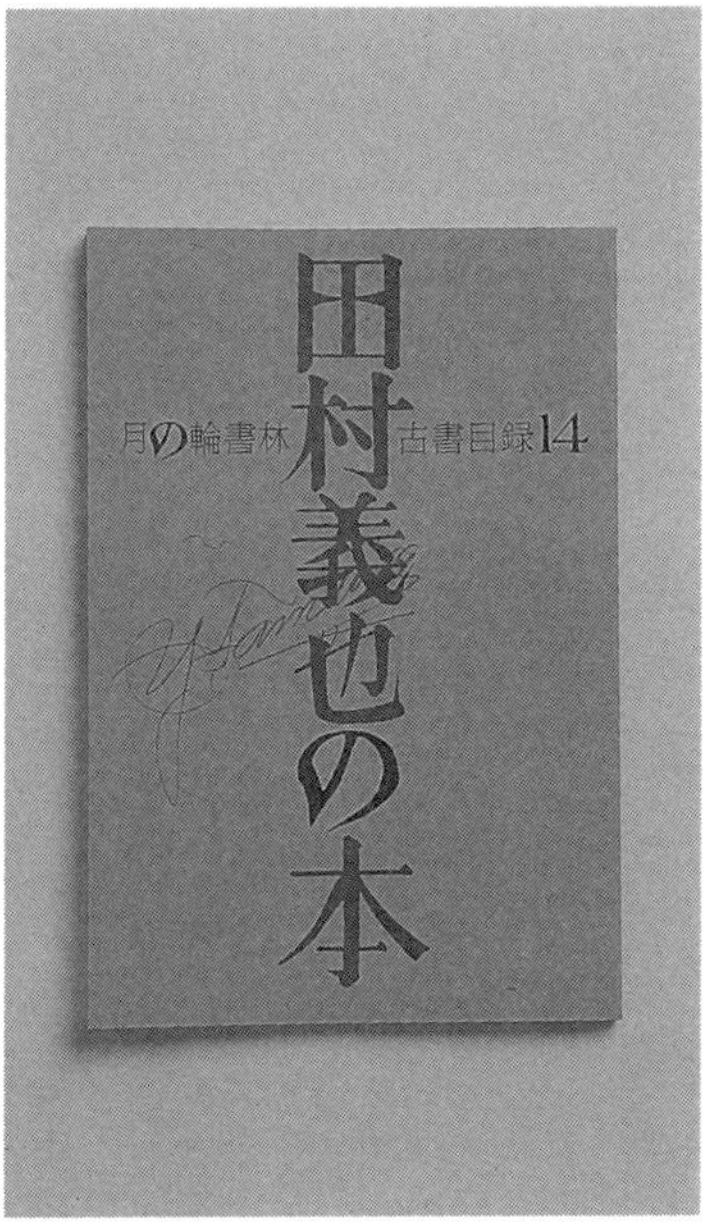

月の輪書林古書目録17号　特集・田村義也の本　平成17年4月5日発行

話しているうちに、増山さん、田村義也装丁本を三冊担当しているという。『物語・萬朝報　黒岩涙香と明治のメディア人たち』（高橋康雄／平成元年）、『自由は人の天性なり　「東洋自由新聞」と明治民権の士たち』（吉野孝雄／平成五年）、『メディアの曙　明治開国期の新聞・出版物語』（高橋康雄／平成六年）。増山さんの田村義也装丁本づくりの話で大いに盛り上がる。ぼくの田村義也目録に長めの回想文を書いてもらえたら、よい記録になったのにと、再会が遅かったことを悔やんだ。

ぼく一人の酒ではあるが、看板までの四時間、いい酒であった。これも外骨のおかげだと思った。「外骨忌、今年はぜひ参加して下さい」と増山さん。ちょうど、平凡寺肉筆版『臙脂筆』に外骨自筆の書き込み（珍宝の絵も）があり、そこをカラーコピーして参加した方々に配るのも面白いかな、と思い、「出来るだけ参加するようにします」と返事をして別れた。

店に戻ったのは午後の十一時すぎ。装丁苦労話を聞いたばかりの『自由は人の天性なり』を書棚から引っ張り出した。

（前略）天皇の側近にあたる華族の西園寺公望のような立場の人間が、その天皇制によって成立する新国家の基盤を、根底からゆさぶる主張をもつ新聞の社長になることができた明治初年の日本は、なんと自由で魅力的な時代であったことか。そして、そんな時代の雰囲気を伝える明治初年の新聞は、それぞれの主義、主張を唱えて、きわめて個性的な顔をもっていた。日本にも、そんなに自由で活気に満ちあふれた時代があったのかと、最初にそれらの新聞を目にし

雑誌『可倶談娯』　明治26年７月創刊
平凡寺自家製本

た時、わが目を疑いたくなるような気持ちがしたものだ。

自由が少なく、とても暗い時代だったようなイメージを「明治」に対してもちたくなるのは、国権主義の強まった明治末年以降の歴史が頭にこびりついて離れないからである。明治二十年代頃までの流動的な日本の社会は、とても明るく自由闊達で活気に満ちた時代だったのである。

平凡寺もこの空気をすって育ったのだ。

平凡寺と外骨

六月×日　土曜日

「五反田古書展」二日目。今日の集合時間は昨日より一時間遅い午前九時半。その時間を利用して『飯島保作と花月文庫』のコピー版を読む。気になっている『末摘花難句抄　臙脂筆』についての記述にあたる。意外なことに、飯島花月著として大正十五（一九二六）年に公刊されていた。現物を確認していないので、詳しいことはわからないが、その公刊本には、次のような花月の言葉があるという。

此書は大正六年六月中、末摘花毎編の難句と思ふものを抄出し、柳友諸先輩の教を謂ひたるを起因とし、其後其人々の難解とせらるる句どもを追補し、相互に通信往復して論難考索せる所を綜合し、多数者の正当と断定せる解説を採りて編纂せるものなり。

つまり肉筆の平凡寺版『臙脂筆』は「相互に通信往復して論難考索せる」ライブ版であり、公刊された花月版は、整理されたものということになるのだろうか。いずれにせよ、花月版『臙脂筆』は、その後、庶民文化研究所から、翻刻刊行（昭和二十八〜二十九年）されていることを、このコピーで知ることが出来たので、どのような異同があるかは追々調べてみることにする。今は、ここでストップ。「五反田古書展」で稼がねば。

六月×日　日曜日

午前中、雨漏れチェックを兼ね、店に出る。吉野孝雄が言う「明るく自由闊達で活気に満ちた時代」にじかに触れたくなり、平凡寺旧蔵雑誌のうち『可倶談娯《かくだんご》』（明治二十六年七月創刊／笑林舎）を取り出しながめる。平凡寺自家製本の十一冊合本だ。明治には本当に、ヘンテコな雑誌がある。初期ばかりではない。中期も捨てたものじゃないなあ。表紙には平凡寺の落書きが残っている。平凡寺、この『可倶談娯』合本を数え七十六歳の昭和二十六（一九五一）年に書庫から取り出す、どうやらながめているうちに書き込んだようだ。

此書でた時ハ平凡司ハ十八才だつた　明治廿六年頃　かゝる雑誌に狂文狂詩の多イは　うらやましい時代だつた

ページをめくっていくうちに落書きはエスカレートしていく。執筆している仲間の名前に反応してペンを押さえられないのだ。

創刊号に「祝詞」を寄せた上田花月（飯島花月）には「廿余年後　大親友となる」と書き、同じく「御喜び」を書いた紅の家おいろの横には「おいろ氏　三十余年後　我楽他宗に入宗せらる」。そして裏表紙には「後年　大親友となる」と編集員五人の名前の横に記す。飛々舎桂馬、小林清親、野崎左文、上田花月、三木愛花の面々だ。その一人、小林清親は毎号、巻頭に木版多色刷の口絵を寄せている。このこと一つとっても『可倶談娯』に価値あり。雨田光平『明鏡止水』によれば、平凡寺は少年時代に小林清親に絵を習ったという。

ところで、平凡寺は気がつかなかったのか、あるいは知っていて書き込まなかったのか、宮武外骨もこの雑誌に寄稿している。二号、三号に「彌次喜多実在論」を連載した讃岐平民とは宮武外骨その人だ。

六月×日　月曜日

平凡寺と外骨は仲がよかったのか？　クセのある二人のことだ。どうだったんだろう？　昨日からの疑問を考えてみようと棚の上から一通の書簡を取り出す。昨夏、明治古典会で宮武外骨宛平凡寺の自筆封筒を手に入れた。まさか、その二ヵ月後に平凡寺旧蔵品が市場をにぎやかすことになるとは思いもしなかった。平凡寺の肉筆など、今後も見ることはないだろうと思いきり数字を飛ばした。落札できた時はホントうれしかった。胸に抱いて持ち帰り、ロクに読みもせずビニールに包み、大切にしまい込んだままだった。

あわてず、まず『宮武外骨此中にあり26　宮武外骨研究』（吉野孝雄監修／平成七年／ゆまに書房）の中の外骨の日記（昭和十九〜二十一年）にあたる。ひょっとして平凡寺が出てきはしないかと思ったが空振り。続いて宮武外骨翁宛の手紙に望みをたくすが、こちらにも見事にふられてしまう。それでもあきらめきれず、疎開中の外骨に頼まれ、空襲下の杉並の自宅の留守番（！）をした井上和雄の戦時日記（昭和十九〜二十年）を追うがアウト。もうだめか。そう思ったところ、井上和雄の娘さんが、同書に回想文を書いていて、その末尾に「なお、父の日記には、外骨先生の関係先として、住所と氏名がメモされているので、参考までに記しました」とあるではないか。やっと念願の人に会うことが出来た。

芝区車町八三（西町会七組）　三田稟象（林蔵・我楽多宗総本山・趣味山平凡寺）

八三、は八二の間違いか。だが、こうして、井上和雄が記した昭和十九年「先生知友芳名」二十人の中に平凡寺がいたのである。もちろん、平凡寺もこの時、確か盛岡に疎開していたと思うのだが、平凡寺と外骨の交流は戦時下でも続いていたんだなあ。このことが確認出来てうれしい。

もう一度、『宮武外骨研究』にあたる。野島寿三郎の「宮武外骨翁の手紙」を読む。外骨は、ある時、来信を全て廃棄処分にしたように読みとれる箇所がある。とすれば、門人・井上和雄がそのことを惜しみ、廃棄処分の中から救い出した三十三枚の葉書が、この世に存在する外骨翁宛書簡の全てということになるのか。わからない。外骨らしいいさぎよさとも言えるが、古本屋としては実に惜しいと言わざるをえない。外骨宛の手紙を時系列にただ並べるだけで、日本の近現代史の隠れた顔がおのずと浮かび上がってくるだろうに、と。

ところで、平凡寺が宮武外骨に宛てたこの手紙は、何故、生き残ったんだろう。不思議だ。不思議なことはいっぱいあるから、先に進もう。昭和十二年九月七日消印の書簡だ。平凡寺特有の力強い筆文字だ。

東京市本郷区龍岡町十五　宮武外骨様

昭和十二年九月七日　盛岡市外加賀野　皆喜荘　村井氏方　平凡寺拝

そして赤い文字で「正金　二円入」と。その文面はというと、こうだ。

貴重な紙上へ駄通信御掲載
〇〇〇（判読不明）只今盛岡一の
冨豪村井氏の別荘
皆喜荘へ来て居り升

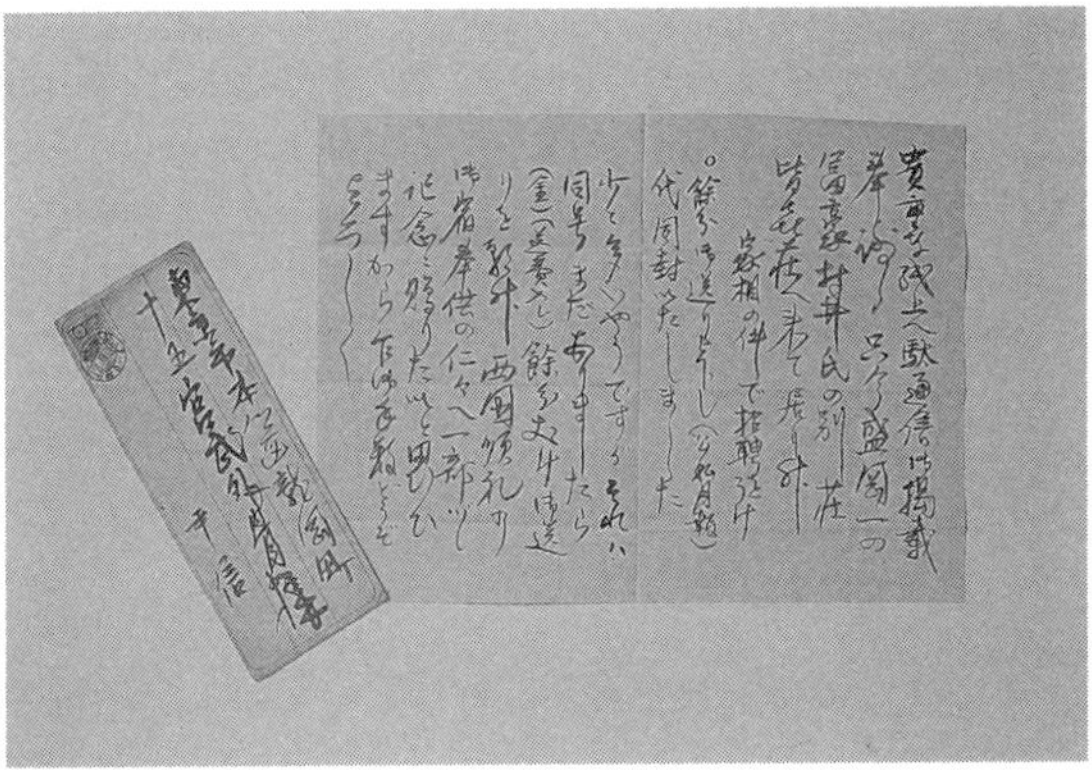

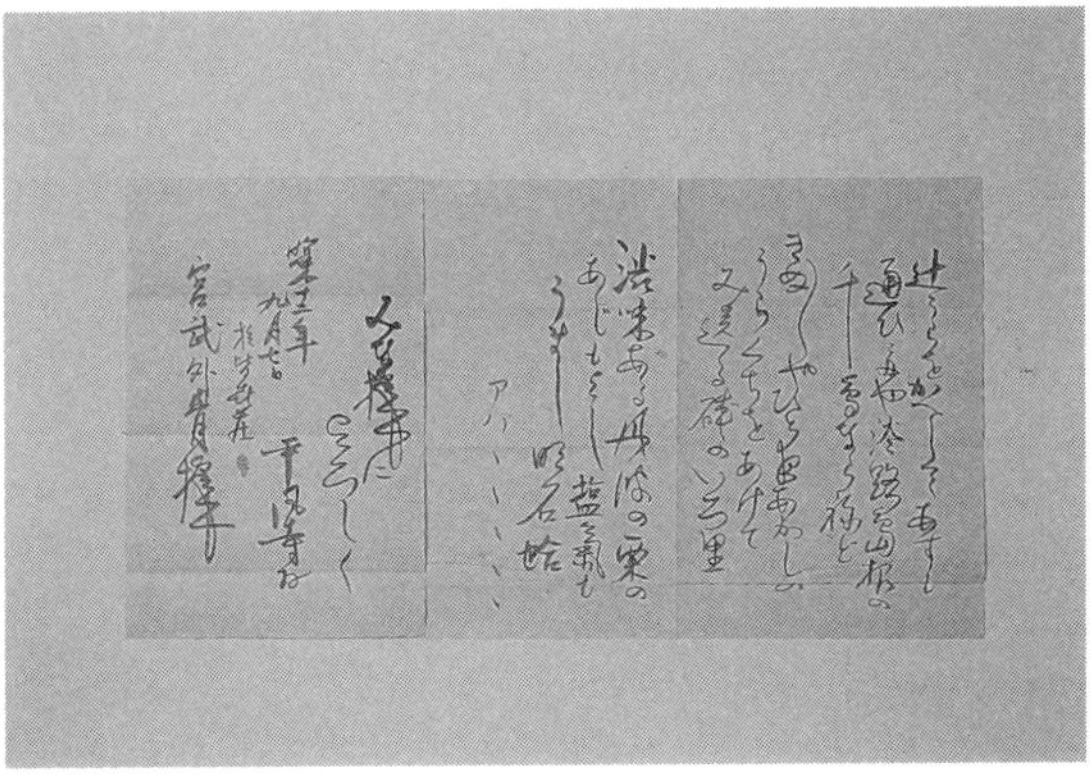

平凡寺自筆書簡（宮武外骨宛）　昭和12年９月７日

家相の件で招聘をうけ
○餘分御送り被下し（公私月報）
代同封いたしました
少々多いやうですが　それハ
同号まだありましたら
（金）（送費入レ）餘分丈け御送
りを願升　西国順礼の
御宿奉供の仁々へ一部ヅヽ
記念ニ贈りたいと思ひ
ますから乍御手数どうぞ
よろしく
辻うらをかへしてあすも
通ひたや　淡路島根の
千鳥ならねど
きぬ〲やひと夜あかしの
うらくちをあけて
み送る磯のいろ里
渋味ある丹波の栗の

あじもよし塩氣も
うまし明石蛤
アハヽヽヽヽ
　　みな様に
　　　よろしく
　　　　平凡寺拝
昭和十二年
　九月七日
　於皆喜荘
宮武外骨様

ここでも家相だ。神戸の西村旅館同様に。家相を占うため身を寄せたという「盛岡一の富豪村井氏」のことがとても気になってきた。気になるといけない。たったこれだけの情報で、気がついたら、岩手県立図書館に電話をかけている。同館の参考調査係の伊東さんという方、応対がていねいで、こちらも少し冷静になってきた。もう少し調べてから、正式に調査を依頼することになった。唯一の平凡寺伝『明鏡止水』にあたると、果たして「村井氏」のことが一ヵ所出ていた。

戦局が熾烈になって来た頃から、全国の末寺から平凡寺の身を案じて疎開をすゝめる向きが二、三に止まらなかった。耳が悪るいため若い内は殆ど出なかったが、一度旅の味を覚えてからは喜び勇んで方々からの誘いに応じた。そのいでたちたるや大変なもの、格好はまるで寿老神そっくりで、身丈にあまる杖に、小ものを沢山ぶらさげて汽車に乗込む様子にはおかしさと世放れした異相が漂っていた。尾張一ノ宮の松岡方、神戸の西村旅館、盛岡の菓子屋、村井方に、時には半年以上も滞在して、家相を見たり、建築の設計をしたり本人からすればどこを戦争の風が吹くと云った様子で、悠々自適の境地であったらしい。

外骨から始まり、盛岡一の富豪で今日の一日が終わった。

六月×日　火曜日

増山修さんより『メディアの曙　明治開国期の新聞・出版物語』（高橋康雄）が送られてくる。ありがたく、平凡寺目録に使わせていただくことにする。田村義也装丁本はやはり美しい。すぐさま礼状を書く。「今年の外骨忌に参加します」と申し添えて。それに、吉野孝雄さんに外骨宛書簡の行方をお聞きしたいと思っている。その吉野さん編集の『宮武外骨解剖』十六号（平成元年六月／崙書房）に野島寿三郎「外骨翁と三田平凡寺翁」という回想記を見つける。スコブル面白い。平凡寺と外骨、二人の緊張関係をビビッドに伝える貴重な一文だ。これを読んで仲が良かったか、悪かったかなどどうでもよくなってしまった。何度も繰り返し読んでしまった。

戦中で子供の時の事とて思い出しながら書きますが、私が朝鮮京城へ行く前年の昭和一七年の国民学校五年生頃の事で、盛岡にいる叔父＝気伬庵独弄児死知楼（＝髑髏寺七郎）がコレクターの総本山である三田平凡寺翁の檀家（会員）であったため、時々私の父の所に手紙と品物が送付され、それを平凡寺翁宅へ届けていました。父が急用だったのでしょう、私が平凡寺翁宅へ品物を持参しました。住所は港区だったが忘れ思い出せませんが、子供の使いで〈入りなさい〉とでも云われたのか、初めてお目に掛り、耳が不自由で筆談で話しをしていました所、着物を着た男の人がリックを背負い、ステッキを持っていて（棒を持って入って来たので怖くて記憶にあり）、帽子をかぶり、履き物は何を履いていたか覚えていませんが、ガタピシと急に挨拶なしで入って来て、平凡寺翁とは目と目とピッピッと合わせただけで、その辺にある紙屑の様なものを持って出て行き、その間、無言の二、三分だったと思います。

あまりの事で筆談で「どなたですか」と平凡寺翁に尋ねましたら「ガイコツ」と書かれ、私としては始めてガイコツと云う名前を子供心で知り、叔父の髑髏コレクションをしていたので非常な印象として残りました。

それにつけてもオタガイに無言で目だけがピカピカして変な老人達だと思いました。（中略）外骨翁についても、よく筆談しました。大正末より昭和初め頃より仲違いをしていたそうですが、一方的に時々見えては奪うがごとく品物を持って行くとの事で、鐚一文も金品を貰った事がないと、憤然とした様子で紙に書きなぐっていました。変人奇人同志の事とて何か相通じる所があったと思われます。

六月×日　水曜日

盛岡づいている。

平凡寺宛の手紙を整理していると、中身なしの封筒が出てきた。消印の日付は「昭和二十年五月二十九日」。三田稟象《りんしょう》宛で住所は、「盛岡市浅岸天神下　三社境内」。平凡寺の疎開先であろう。推測にすぎないが、仲立ちの労を買って出たのは、「盛岡一の富豪」村井氏ではないか。平凡寺のことだ、きっと気侭庵独弄児死知楼や内藤玩虎児、小泉容快児たち盛岡在住の我楽他宗員たちと、戦争どこ吹く風と遊んでいたに違いない。

盛岡が急に近しく感じられてくる。平凡寺を招くほど、盛岡は趣味人が育ちやすい豊かな土地だったのだろうか。村井氏が趣味人だったのかどうかは、今の段階では何とも言えないが、別荘名の「皆喜荘」という名は、怪奇からきているのではないだろうか。ふと思った。そして、名付け親は平凡寺。こうも思う。平凡寺は、宮沢賢治と市内のどこかですれ違ってはいないだろうか。妄想を思い切って広げてみた。だが、宮沢賢治は昭和八（一九三三）年九月二十一日に亡くなっている。

ようやく、岩手県立図書館に村井氏のことについての調査依頼書が書けるようになってきた。まずは第一弾だ。

盛岡づいているところへ、今度は甲府が呼んでいる。北野照日さんから、「廣瀬千香の仕事

――女性編集者の先駆者――」展の案内が送られてきた。北野照日さんは、広瀬千香の娘だ。美央と一緒に行こう。一組だけの在庫になってしまった『山中共古ノート』（全三冊／昭和四十八年／私家版）に、案内状をはさみ込む。

六月×日　木曜日

平凡寺に著作（公刊）はあったのだろうか。装幀本は二冊確認しているのだが。ともに平凡寺旧蔵書に入っていた。

『元禄快事　義士の研究』（高山喜内／大正十一年／義士の研究刊行会）に『繪入　國譯百喩經』（高山春峯〔喜内〕／大正十一年／國民社）。

今、『繪入　國譯百喩經』をながめている。この本を初めて開いた時、思わず「スゴイゾ、平凡寺！」とうなってしまった。小林清親に絵を習っていたとは聞いていたが、才能があるとは思ってもいなかったのだ。今日、久々に手に取って平凡寺の画才のすばらしさを再確認した。平凡寺は、筆者兼発行者の高山春峯の全幅の信頼を得て、紙選びから彫師、摺師の選定まで造本全てに関わったのではないだろうか。淡島寒月の絵をしのぐほどの力量といったら世の寒月ファンに罵倒されそうだが、才気と稚気がうまくまざって、こちらの頬がゆるみ見惚れてしまう。高山春峯は、自序とは別に本文に小さな和紙をはさみ込み、装幀者の平凡寺を紹介している。「装幀口繪及び挿畫の筆者　趣味山平凡寺和尚の事」と。

「文は人なり。」といふ。吾等は、平凡寺師の書に於て、書の、亦た、人なるを認むるなり。師は、夙に畸人の名ある人、世塵を餘所《よそ》にして、終歳、終月、終日、天井裏に晏居し、曩《さき》には、我樂他宗《がらくたしう》するものを創めて、米、佛、印諸外國に亙るの三十三末寺を董督《とうとく》し、「趣味は、平凡に在り。」といふを標語とし、朝に、夕に、座右に髑髏《どくろ》を撫《ぶ》しつゝ、「前の世の我れに歸れば後の世を、願ふこの世の煩ひもなし。」と詠じて、死生存亡、利害得喪の表に超然たる所、莊子の所謂る、人に畸にして天に侔《ひと》しきものか。書は、その餘技に屬すと雖も、夙に、北齋、曉齋、華山、蘆雪、椿岳の諸家に出入して、その素深し。轉法輪の暇、時に毫を揮ひ來れば、恬淡《てんたん》の性、寡欲の情、丹青の間に隱約として、氣品超邁、筆致灑脫、復《ま》た尋常書家の手法に非ず。その斷箇零墨も、尚ほ且つ、雅人の垂涎措《お》かざる所以《ゆゑ》なり。

文は、人なり。書も、亦た、人なり。吾等は、平凡寺師の書に於て、その然るを見る。本書の裝幀、口繪、挿畫《さしゑ》に於て、最もその然る見る。希くは、漫然として看過せざれ。

本文中の挿画についても、「人物、動物等、専らその性格を現はすに勉む。筆には關係なし。筆は、それを傳ふる電話線のみ。繪を見ずして、繪の心持ちを御覧あれ。呵々」と平凡寺の言葉を紹介している。

高山春峯の平凡寺への入れ込み方は尋常ではない。我楽他宗の宗員だったのだろうか。わかっているのは、本名は高山喜内といい、大正十一（一九二二）年の時点で、この本の発行元の國民社（東京市本所区柳原町二の十七）の社主であるということだけ。社主と書いたが、どうやら本

高山春峯著『繪入　國譯百喩經』（大正11年）
平凡寺木版さしえ入

業は医者だったのではないだろうか。この本の函（夫婦函）の裏側に國民社発行の新刊二冊の広告が出ており、その左端に住所、電話番号の後、「錦絲病院附属　國民社」とあるのを、ちょうど今、見つけたからだ。そして、なによりも驚いたのは、新刊広告である。

『梵雲寒月　四十七佛繪卷』

淡島寒月にこんな絵巻本（長一丈幅六寸　木版淡彩色　約七十度手刷り）があったとは。しかも、我楽他宗の一員、印度貴族シングが梵詩を、平凡寺が序歌を書いているという。やっぱり、高山春峯は、我楽他宗に関係していたのではないかな。で、果たして、寒月の絵巻本は出版されたのか？　平凡寺が、函裏の広告の余白に書き込みをしている。ペンの走らせ具合から見て、戦後のものと思われる。こう書き込んである。

美事なる木版ニて発行せしも廣く発賣せしやを不知　但一巻丈平凡寺所藏ス　要するに発行者の逝去ニ依る為か　可惜

國民社の刊行物は、三冊だけだったのかもしれない。『梵雲寒月　四十七佛繪卷』、メチャクチャ高そうだけど、平凡寺目録の華に加えたい。並べてみたいな。市場に出てこないかなあ。今はただ、平凡寺の木版挿絵二十四枚をながめるだけだ。本当に美しい絵だなあ。外は雨。懐具合は相変わらず淋しい限り。昨日が市場の決算日だっただけに、通帳はスッカラカンだ。平凡寺の木版に励まされ、これから家賃を払いに出かけよう。これで、また、底をつく。美央が背中を軽くポンと叩いた。

「月の輪さんには、平凡寺がいるでしょう」

と。三田平凡寺がいる。出したい目録がある。構想だけは空回りして、まだ一行も書いてはいない。全てはこれから。明日は市場だ。淡島寒月の『四十七佛繪卷』が出るといいなあ。金もないのに心から願う。

絵葉書「我楽他宗本山平凡寺銀婚紀念」 大正14年４月５日

あとがき

夏の終わりのある昼下がり、東五反田の宝塔寺へ出かけた。

今、ぼくが興味をもち、追跡中の明治大正期の趣味人・三田平凡寺のお墓参りにやって来た、わけではない。

平凡寺が主宰した趣味人のネットワーク〝我楽他宗〟の生き残りの一人「宝塔寺」に話を聞きに来たのでもない。

宝塔寺は、正真正銘のお寺だ。実は、三田平凡寺の妻・喜代子さんが、この宝塔寺を再興した住職の妹だということをさっき知ったのだ。妹だから、喜代子さんがこのお寺で暮らしていたとは思いはしなかったが、ついフラフラッと池上線に飛び乗ってしまった。お墓があるでなし、どこで、どう祈るというのか。この暑さで、チト頭をやられてしまったのかも知れない。

三田喜代子さんの顔は知っている。手元に平凡寺が意匠をほどこした見事な木版刷の「我楽他宗本山平凡寺銀婚紀念絵葉書」（大正十四年）があり、その中に結婚当時に撮ったと思われる二人の写真が仲良く並んでいる。

喜代子さんは、すずやかな眼が印象的な中々の美人だ。美人だからほだされてフラフラッとやって来たわけでもない。

一言、平凡寺ゆかりの人・喜代子さんにあいさつをしたかっただけだ。今度、平凡寺の名前がやたらと出てくる本を出します、と。

喜代子さんは、平凡寺の趣味道楽をどんなふうに見ていたんだろう、誰一人いない境内で思ったのはまずそのこと。喜代子さんにとって、平凡寺はどんな夫だったのだろう。そもそも二人はどこで出会ったのだろう。

喜代子さんは、平凡寺が敬愛した淡島寒月と親戚だったと聞く。平凡寺も謎だらけだが、喜代子さんのことはもっとわからない。ひょっとして平凡寺と喜代子さんの縁をとりもったのは淡島寒月だったのか、いや妄想だ。

喜代子さんが、住職の妹ではなく、娘だったとしたら……、この暑さのせいで妄想が止まらない。だとしたら、ここは妻の実家だ、平凡寺はこの宝塔寺にいく度となく足を運んだということになる。喜代子さんや子供たちと一緒に。ふきあがる汗をぬぐいながら空を見上げた。

雲のすきまから平凡寺の「アハ、、、、、」という声が聞こえたような気がした。幻聴というものだろう。今日も平凡寺に翻弄されて、一日が暮れていく。追跡は、まだまだ続く。

ここに、二冊目の本が生まれることになりました。晶文社の中川六平さんの四年にわたるネバり腰のおかげです。六平さん、どうもありがとう。

また、前作『古本屋 月の輪書林』に続き、すばらしい装丁で華をそえて下さった南伸坊さん、図版撮影の坂本真典さん、お忙しい中ありがとうございました。そして校正担当の妻・美央にも感謝の一言を。

最後になりましたが、あの世の人、この世の人、この本に登場いただいた全ての方々にこの場をかりてお礼申し上げます。

どうもありがとうございました。

二〇〇五年九月吉日

髙橋　徹

月の輪書林
TSUKINOWASHORIN
TEL·FAX03(3734)2696

著者について

髙橋徹（たかはし・とおる）

一九五八年、岡山県に生まれる。小学六年の時、父の転勤で東京に。日本大学芸術学部を二ヵ月で中退。映画製作にかかわり、八七年に古本屋の店員となる。三年半の修業ののち、「月の輪書林」を開き店主となる。九〇年十月二十一日のことであった。著書に『古本屋月の輪書林』（晶文社）。

月《つき》の輪《わ》書林《しょりん》それから

二〇〇五年一〇月一〇日初版

著者　髙橋徹

発行者　株式会社晶文社

東京都千代田区外神田二-一-一二

電話東京三二五五局四五〇一（代表）・四五〇三（編集）

URL http://www.shobunsha.co.jp

中央精版印刷・美行製本